跨文化沟通力

如何突破跨文化管理的隐形障碍

[美]艾琳·梅耶（Erin Meyer）◎著

郝继涛◎译

华夏出版社
HUAXIA PUBLISHING HOUSE

图书在版编目（CIP）数据

跨文化沟通力：如何突破跨文化管理的隐形障碍 /（美）艾琳·梅耶（Erin Meyer）著；郝继涛译 . -- 北京：华夏出版社有限公司，2022.2（2025.7 重印）

书名原文：The Culture Map: Breaking Through the Invisible Boundaries of Global Business

ISBN 978-7-5080-9999-6

Ⅰ . ①跨… Ⅱ . ①艾… ②郝… Ⅲ . ①企业管理－跨文化管理－人事管理 Ⅳ . ① F272.92

中国版本图书馆 CIP 数据核字（2021）第 048261 号

This edition published by arrangement with PublicAffairs, an imprint of Perseus Books, LLC, a subsidiary of Hachette Book Group, Inc., New York, USA. All rights reserved.

北京市版权局著作权合同登记号：图字 01-2018-0768 号

跨文化沟通力：如何突破跨文化管理的隐形障碍

作　　者	[美]艾琳·梅耶
译　　者	郝继涛
责任编辑	张　平
出版发行	华夏出版社有限公司
经　　销	新华书店
印　　刷	三河市少明印务有限公司
装　　订	三河市少明印务有限公司
版　　次	2022 年 2 月北京第 1 版 2025 年 7 月北京第 2 次印刷
开　　本	880mm×1230mm 1/32
印　　张	8.25
字　　数	182 千字
定　　价	59.00 元

华夏出版社有限公司　地址：北京市东直门外香河园北里 4 号　邮编：100028
网址：www.hxph.com.cn　电话：（010）64618981
若发现本版图书有印装质量问题，请与我社营销中心联系调换。

本书献给我的儿子，伊森和罗根，
他们每天都向我展示在跨文化环境下成长的含义；
还献给我的先生埃里克，
是他让这一切成为可能。

对《跨文化沟通力》一书的赞誉

艾琳·梅耶为我们提供了所有商业领袖都需要立刻了解的杰出指南：在当今文化背景多变的工作环境中，怎样进行成功的管理。

——马歇尔·戈德史密斯，《纽约时报》撰稿人，全球畅销书《今天不必以往：成功人士如何获得更大成功》作者

无论是坐在波士顿的办公桌前办公，还是在北京的餐馆中吃饭，跨文化沟通都是全球经济中的巨大挑战……艾琳·梅耶在这本非常重要的著作中，告诉您怎样做才正确。

——戴斯·狄洛夫和斯图尔特·克雷纳，"全球最具影响力的50大管理思想家"（Thinkers 50）网站创始人

无论是专业人士，还是闲暇阅读者，我都强烈向您推荐本书。艾琳已经证明她是融合概念性和实用性的新一代学者的代表性人物。此书必读！

——冯·特姆彭纳斯，《跨越文化浪潮》一书作者

虽然我们生活在日益数字化和虚拟化的商业世界里，但是《跨文化沟通力》提醒我们，理解人类互动中的文化差异仍然至关重要。杰出的商业领袖都知道，团队文化与个体多样性的融合是更佳商业产出的秘方。

人们首先需要理解文化多样性，其次需要主动应变于管理。梅耶女士提出了一个全新的、基于研究的框架，告诉人们怎样做。《跨文化沟通力》里清晰、实用的框架，将会帮助商业领袖成为他们团队或组织中"文化桥梁的构建者"。

——迪迪埃·CL. 邦尼特，凯捷管理顾问公司全球业务主管

商业可以全球化，但文化不可以。艾琳·梅耶的《跨文化沟通力》提醒我们，在商业背后，人们有着自己的偏见、期望和人生观，可能意想不到地影响或形成数百万美元的决策。理解文化塑造了人、人塑造了商业，是成功的关键。如果您严肃对待全球化问题，这本书将是您到处旅行时的必备品。

——佩德罗·皮纳，谷歌欧洲办事处品牌解决方案主管

精挑细选的趣闻轶事展示了不同文化碰撞时产生的误解，使这本书富有启迪性并充满阅读乐趣。

——公共事务出版社

无论您是公司的"外交家"或是传统的外交家、全球旅行者、政府官员，还是热情的世界公民，这都是一本不容错过的书。它有很多真实的案例，和一个可以应用于任何跨文化背景的简单框架。梅耶的著作发出一种鲜活而重要的声音，它汇集了能在全球有效率沟通和顺利工作的精要。我很少这样拿起一本跨文化的书就再也放不下。

——加里·吉塔德，《赫芬顿邮报》

这本可读性很强的书解释了怎样通过提高我们对来自不同国家的同事、客户和供应商行为的理解能力来极大地促进合作的成功。

——《职业经理人》

与有其他文化背景的人共事的有益指南……梅耶为那些从事跨国生意的人提供了重要的读物。

——《科克斯书评》

随着商业日益全球化,应对文化差异的书汗牛充栋。如果您只想读其中的一本书,那么就选欧洲工商管理学院艾琳·梅耶教授的这本吧……(她)充满技巧地将真实生活的案例……与一个分析框架融合在一起……让这本书充满生活真实感的是,梅耶所列举的案例,既有她作为美国人在巴黎生活的经历,也有她在主持欧洲工商管理学院的全球虚拟团队管理项目时的经历。

——《人力资源杂志》,五星书评

本书充满趣味。

——《金融时报》

本书轻松、有趣,富有知识性。梅耶从她自身的经历中举出数个案例来解释怎样在全球商业活动中甄别无形的壁垒,以及怎样打破它们。

——西门子《工业观察》

序言

文化和跨文化管理是国际商务研究的一个非常重要的领域,经济学家、社会学家、人类学家、语言学家和宗教学家都在关注这个问题。文化本身就是一个非常复杂、抽象、难以界定其外延和内涵的研究主体,而跨文化的研究和不同文化的比较研究就更加复杂。然而随着跨国经济和商务活动的扩大及跨国公司的崛起,对于跨文化管理的研究也进入了蓬勃发展的阶段。其核心研究问题包括:什么是文化?文化概念的内涵是什么、外延在哪里?不同文化的差异在哪里?如何度量和比较文化?更进一步说,不同文化对于商务活动和企业行为有哪些影响?对于管理者来说,如何管理在不同文化情景下和不同文化背景中成长起来的员工?近年来在国际商务学会的年会和国际商务的期刊上有着越来越多的讨论,相关研究也在逐步深入。这些科学研究的成果相当一部分来自企业实践。如何把复杂晦涩的学术成果转化为通俗易懂、可以帮助解决管理者困惑的作品?近期有一些工商管理学院的教授在这方面做出了努力,而艾琳·梅耶教授所著的《跨文化沟通力》就是这样的一部著作。

在书中,梅耶教授把文化分解为沟通、评价、说服、领导、决策、信任、反对、时序八个维度,并建立相应的量表,用来比较不同文化下成长的客户、员工、高管对于不同事物的认知、理解和行为规范。为了便于理解，作者就这八个文化维度的每一个方面都绘制了地图来刻画不同国家、不同情境、不同问题的理解方式和管理之道。作者基于自身的经历现身说法，同时通过大量的实例来说明文化地图的应用。这是一本容易阅读的书。

　　始于四十多年前的中国经济改革开放使得第二次世界大战之后形成的分割的世界经济体系进入了融合发展的新阶段。改革开放初期，来自世界不同国家的企业以不同的形式进入中国市场寻找发展机会，推动了中国经济的发展。随着全球经济一体化的进一步发展，一大批中国企业成长起来，越来越多的中国企业和企业家走出了国门，把世界作为开展业务的平台。作为在中国五千年文明的社会和历史环境中成长起来的企业家，了解和把握不同国家和地区的制度环境、市场条件，尤其是文化差异，变得特别重要。中国在2013年提出的"一带一路"倡议和对"人类命运共同体"的理解，则对中国企业家提出了更高的要求。而全球新冠肺炎疫情引发的各个国家之间的隔膜和人与人直接的交往距离的扩大，使得人们相互之间的理解和认同变得非常重要。

　　在这个时间，郝继涛博士把由欧洲工商管理学院的艾琳·梅耶教授所著的《跨文化沟通力》翻译成中文出版，恰逢其时。阅读此书可以帮助中国企业家和企业管理者在不同国家开拓市场和开展业务时了解不同国家、地域的不同文化的差异，以及这些差异对于商业活动的影响。这些商业活动包括市场推广、人力资源、企业融资等各个方面。中国有着古老的文明，中华文明在每一个中国人身上都有深深的烙印。不同国家、不同宗教、不同语言的人的认知、预期、交流方式、行为规范可能都不同，这不应成为商业活动的障碍，而商业活动反而应该成为不同文化国家和文明间的桥梁。

艾琳·梅耶教授所供职的欧洲工商管理学院本身就是跨文化的产物，在法国的枫丹白露和新加坡都有校区，从教员到学生，国际化程度都非常高。工商管理学院作为促进商业活动的社会组织，有责任鼓励和推动不同文化背景的企业和个人的交流和沟通。在我国众多工商管理学院中，除了个别外，大多数对于跨文化管理以及国际商务的研究和教学并不能满足新时代新型全球化对弈新一代国际化企业管理人才的迫切需求。希望未来有更多基于中国企业跨文化管理实践的著作面世。

武常岐

北京大学光华管理学院 战略管理学教授

2022 年 1 月 1 日

前言

为什么你的中国同事在领导英国团队的时候出现了那么多问题？当你坐在北京的办公桌旁，怎样才能与远在巴西的供应商培育良好的关系？当团队里的美国员工希望得到负面反馈之前先说上三句好话，而法国人、荷兰人、以色列人和德国人则希望他跳过正面反馈直奔主题，中国老板应如何应付这一棘手任务以匡正糟糕的绩效呢？对于中国的领导者来说，让他（她）与驻在日本、印度和尼日利亚的团队有效协作有什么最佳办法吗？

没有哪个国家像中国那样受到那么多跨文化领导力挑战的冲击。麦肯锡最近发布的一份研究报告[①]显示，在世界各地运营的中国公司的数量估计每年增长16%。每年越来越多的中国人出国旅游，出境游人数自2010年以来每年增长13%。中国在2009年就已成为世界最大的商品出口国，2013年成为世界最大的货物贸易国。中国是国际贸易中33个国家最大的出口目的地，和65个国家最大的进口来源国。

以前，人们可能会希望中国员工主要与本国同事合作，但如今，许多人都是联结着分散于世界各地人们的全球网络的一部分。然而，

[①] McKinsey Global Institute，China and the World: Inside the dynamics of a changing relationship, 2019.7. 个别数据根据报告有修改——作者、译者注。

大多数中国经理人对当地文化如何影响全球互动知之甚少。即使那些深谙各国文化、到处旅行并曾在国外生活过的人，也常常缺乏应对影响团队日常工作效率的跨文化复杂性的策略。2014年，《跨文化沟通力》以英文出版，现在它有了中文版本。它提供了一条崭新的道路，为我们在新的全球市场中与同行有效而审慎地合作给出了重要见解。

基于我们在欧洲工商管理学院（INSEAD）——位于巴黎的"面向世界的商学院"（Business School for the World）——进行的广泛研究，本书提供了一个经过实践检验的模型，来解读文化差异如何影响国际商业。本书提供的分析框架包含了对国际化工作的实际的、可操作的建议。无论你是需要激励印度尼西亚的员工、取悦美国的客户，还是只在跨文化团队成员之间组织一次电话会议，文化地图中的八个维度都将帮助你提高工作效率。通过分析一种文化相对于另一种文化的定位，本书所呈现的维度使中国读者能够解读文化如何影响自己的国际合作。

Erin Meyer（艾琳·梅耶）

2021年12月20日

目录 contents

引言　文化差异导航：来自陈先生的见解 … 001

1　倾听空气：跨文化沟通 … 025
2　礼貌的多面性：评价绩效和提供负面反馈 … 055
3　为什么与怎么做：多元文化世界中的说服艺术 … 081
4　你想得到多少尊重？领导、等级和权力 … 105

5 大写字母 D 还是小写字母 d：
谁来决策，如何决策… 131

6 大脑与内心：两种信任以及其发展 … 149

7 是针不是刀：有效反对 … 179

8 多晚算晚？时序与时间的跨文化知觉 … 201

结语　将文化地图投入工作 … 223

致谢 … 233

注释 … 237

译后记　文化导航，帮助更多企业
走出去 … 241

引言

文化差异导航：来自陈先生的见解

在 11 月的巴黎一个清冷的早晨，我正开车赶往办公室，与一个重要的新客户会面。我昨晚睡得很差，这也没什么不正常，每次在重要的培训课程之前，我都会度过一个不安的夜晚。但昨夜有所不同的是，一些梦袭扰了我的睡眠。

我发现自己正在一个大型美式超市里采购杂物。在我对着单子找水果、舒洁（Kleenex）纸巾、面包、牛奶等时，我惊讶地发现，这些东西莫名其妙地从购物车里迅速消失了。我冲回超市的购物通道，抓起货物，扔进车里，发现它们还是消失得无影无踪。惊恐而绝望的我意识到，我的购物永远没法完成了。

一晚上不停重复这个梦，我放弃继续睡下去的打算，起床，大口喝了杯咖啡，在黎明前的黑暗中穿戴好，然后在空旷的巴黎街头，曲折前行，走到临近香榭丽舍大街的办公室，准备那天的项目。回想起购物不成功的噩梦，可能意味着我对没有完全准备好面对客户而感到焦虑，我倾尽全力布置会议室，检查提前准备的备忘录。我将花一天的时间，为标致雪铁龙的一名高管和他的妻子即将搬去中国武汉做一些必要的文化调适。如果这个项目成功了，我的公司将在今年下半年被雇用来为另外 50 对夫妇提供同样的服务，所以今天的成败事关重大。

中国专家陈博也早到了，他将在培训环节帮助我们。陈来自武汉，36岁，是一位在巴黎为一份中国报纸工作的记者。他自告奋勇担任中国文化培训专家，他的投入是今天最为关键的要素之一。如果他表现优异，项目将大获成功，接下来我们会开展后续的50个课程。我对陈的信心因为预先的准备而受到了极大的鼓舞。绝佳的口才，善于交际，学识渊博，陈看起来完美无缺。我告诉他要准备两三个商业案例来说明我在项目中提及的每一个文化维度，他信心满满地确认会落实。

伯纳德先生和夫人到了，我安排他们坐在一个大长条玻璃桌子一边，陈坐在另一边。我深深地、满怀希望地吸了口气，开始讲座，在一个挂图上勾勒出伯纳德夫妇需要掌握的文化问题，这样他们在中国的旅程将会很顺利。随着晨光流逝，我从每个维度解释关键问题，回答伯纳德夫妇的问题，并仔细地留心陈的反应，以便我能够顺利衔接他的加入。

但是陈看起来没有任何加入的意思。完成第一个维度的讲解之后，我看向他，等着他加入，但他没有说话。他没有张口，没有往前挪动身体或者举起手来。很显然，他没有案例可提供。我不想在陈没准备好时就叫他，让陈尴尬或困窘，我只好继续下面的内容。

更令我灰心的是，直到我做完陈述，陈还保持着安静，几乎一动不动。我讲话的时候，他只是礼貌地点头，没有用任何身体语言表达反馈，无论是积极的，还是消极的。我列举了能够想起的每一个例子，尽可能与客人对话。我讲述了一个又一个维度，并与伯纳德夫妇探讨，这些陈都没有加入。

我讲了足足三个小时。我最初对陈博的失望扩展成为十足的恐慌。我需要他的加入,以使这个项目成功。最后,虽然我仍不想在客人面前制造窘迫的场面,但还是决定抓住这个机会。"博,"我问道,"你有什么要分享的例子吗?"陈在椅子上坐直,自信地向客人微笑着,打开了他的笔记本,里面是一页页打印的记录。"谢谢你,艾琳,"他回答说,"我有。"接下来,让我彻底松一口气的是,陈开始讲解一个又一个清晰的、贴切的、吸引人的案例。

回想我与"沉默博"的这次尴尬的合作,我很自然地认为陈的个性、我的个性或者我们之间的沟通出了问题,以致造成了紧张的局面。或许陈的静默,是因为他不是一个很好的交际者,抑或他害羞、内向,除非有人推一下,否则不喜欢自我表现。也许我不是一个称职的引导者,虽然告诉陈为会议做准备,但直到课程快结束了都没有及时招呼他。又或者,我因为整夜做梦导致精神疲惫,以至于错过了陈发出的有话要说的暗示。

事实上,我先前与陈会面时,他很清楚地告诉我,他既不是表达含蓄的人,也不是害羞的人。他实际上是一个天才的沟通者,充满自信,能够爆发出热情。更何况,我从事客户会谈多年了,此前从没有出现过像这次衔接不畅的情况,这表明我作为引导者,不是问题的根源。

"沉默博"事件的真相其实是一个文化的而非性格的故事,只是文化的解释不似想象的那样简单。陈的行为恰好符合一种熟悉的文化模式。总的来说,西方人经常会认为亚洲人是安静的、保守的和害羞的。如果你管理着一个包括亚洲人和西方人的全球化团队,很有可能你会听到西方人习惯地抱怨，亚洲的参与者在团队会议上不怎么说话，不愿直率地表达个人观点。然而文化类型并没有反映出陈行为背后的原因。

既然伯纳德夫妇、陈和我共同参与一个跨文化的培训项目，虽然我很不幸地发现自己是个学生的角色，但我被认定为引领者，于是我决定向陈寻求一个关于他行为的解释。"博，"我问，"你有这么棒的案例，为什么不早点加入进来，和我们分享呢？"

"你一直希望我加入进来吗？"陈问道，脸上露出真切的惊讶。接着，他开始描述他所看到的情景。"在这个房间里，"他说着，转向伯纳德先生和太太，"艾琳是会议的主持。"他接着说：

由于她是这里的资深人士，我在等着她叫我。而在我等待的时候，我应该显示出自己是一位良好的倾听者，所以我就保持安静。在中国，我们经常觉得西方人在会议上说得太多，是为了炫耀，或者不是好的聆听者。我还注意到，中国人在参与话题前要比西方人多留出几秒钟的沉默时间。你们西方人实际上在会议上相互交谈。我一直在等艾琳停下来，留出足够的时间，让我加入谈话，但一直没轮到我。我们中国人经常觉得别人不是好的聆听者，因为他们总是插话，表达自己的观点。我比较喜欢在合适的停顿出现的时候，来发表我的观点。但艾琳一直在说，我只好耐心地等待。我妈妈留给我的一句话深深地印在我脑海中：你有两只眼睛，两个耳朵，但只有一张嘴，你要相应地使用它们。

随着陈的叙说，造成我们之间误解的文化底层架构鲜活地展现在伯纳德夫妇和我的面前。很明显，它们远远超越了大家对"害羞的中国人"的刻板印象,而这种新的理解引出了一个最为重要的问题:一旦我意识到造成某种情境的文化背景,我该采取哪些措施来更有效地应对它?

在"沉默博"的情境中,我对陈博行为意义的深入理解引出了一些简单而又强大的解决方案。未来,我可以更有准备地认识和灵活处理身份与沟通的不同造成的文化差异。下次我和中国文化专家一起主持一个培训项目时,我必须确保邀请他发言。如果他不立即回应,我需要再多几秒钟的沉默,然后再说话。陈也可以采用一些简单的策略来提高他的效率。他可能会简单地忽略他等待邀请的习惯,在他有想法分享的时候强迫自己加入。如果这么做太激进,那么在他找不到说话的空当时,他可以举起手来请求发言。

在本书中,我将提供一套系统化的、循序渐进的方法来理解文化差异带来的最常见的商务沟通方面的挑战,并提供有效处理它们的步骤。这个过程从认识影响人类行为的文化因素开始,并系统地分析这些行为的原因,反过来又会让你在解决跨文化误解所造成的最棘手问题时,运用清晰的策略来提高做事效率,或者完全避免这些问题。

......

在我走进萨宾娜·杜兰克位于拉德芳斯的二楼的办公室时,她正兴奋地在窗前踱步。这个商业区就在巴黎郊外,站在窗前,可以看到一座人行小桥,还有一个巨型人类拇指的混凝土雕塑。

作为一名全球领先能源公司的精力充沛的财务总监,杜兰克被安排在芝加哥工作两年。多年来，她一直在向上级申请这样的机会。昨天，她花了整整一个晚上的时间仔细研究了我寄给她的一些描述法国和美国商业文化差异的文章。

"我认为，搬到芝加哥对我来说简直太完美了，"杜兰克说道，"我喜欢和美国人一起工作，他们工作效率很高。我喜欢把工作重点放在实用性和效率上。美国人比我们法国人沟通更明确、更有效！"

我花了几个小时帮助杜兰克为这次迁居做准备，包括探索她如何最好地改变自己、适应领导的风格，以在美国文化的背景下发挥自己的效力。这将是她第一次在法国以外的国家生活，她将成为团队中唯一的非美国人，这两种情况会增加她对搬家的热情。满怀着激情，杜兰克去了风之城（芝加哥别称）。有4个月的时间，我们没有再交流过。然后，我给杜兰克和她在美国的新上司都打了电话，这是我们预先安排的后续沟通。

我问杰克·韦伯，杜兰克表现如何，他重重地叹了口气："她在做媒介类的工作，她的团队真的很喜欢她，而且她精力充沛得难以置信。我不得不承认她的精力已经点燃了她的部门。这是积极的。她的融合速度的确比我预想的要快得多。真的，真是太棒了。"

我可以感觉到，韦伯的评价将转向糟糕的一面。"然而，对于杜兰克的工作方式，有几个关键的地方我需要她改变。"韦伯继续说，"我没看到她在努力改变。她的试算表格很潦草，计算也有错误，而且她参加会议时没有好好准备。关于这方面的事情，我已经跟她说了好几次，但她没有领会我的意思。她还是延续相同的工作风格。我上个星期四又和她谈过这件事，但她在这方面还是没有做明显的努力。"

"我们今天早上对她做了绩效评估,"韦伯又叹了口气,"我再次详细说明了这些问题。我们将拭目以待。但是,如果她不改变这些地方,我认为这项工作就不会有成效。"

我感到有些担心,打电话给杜兰克。

"事情太棒了!"杜兰克宣布,"我的团队棒极了。我真的能和他们联结起来。我和我的上司关系很好。我已在茁壮成长。"她接着说:"在我的职业生涯中,我第一次找到了一份对我来说很完美的工作。它充分利用了我的全部天赋和技能。哦,我得告诉你,今天早上他们第一次对我做了绩效评估。我很高兴!这是我来这家公司工作后获得的最好的绩效评估。我经常想,两年后,我要努力延长留下来的时间。事情进展得真顺利。"

就像我们在"沉默博"的故事中所做的那样,我们应思考一下韦伯和杜兰克的错误理解是性格不合还是文化差异导致的。在这个案例中,对某个国家的刻板印象可能更容易混淆大家的视听,而对于解决问题没有任何帮助。毕竟,基于对法国人的普遍看法,他们是含蓄和间接沟通的大师,说话和倾听的方式是微妙而敏感的,而美国人则倾向于清晰和直接的沟通——越是率真越好。然而,在"耳聋"杜兰克的故事中,一个美国上司抱怨他的法国下属缺乏理解领导的能力,而法国下属似乎很兴奋地忽略了她老板试图传达的信息。面对这一看似违反直觉的现象,你可能会认为韦伯和杜兰克的个性是不兼容的,无论他们的文化背景如何。

假设你碰巧与居住在美国的 20 或 30 名法国经理人交谈,你会听到他们中十几个人有类似的故事。随着他们一个接一个地解释,他们的美国老板是如何给他们负面的反馈,使他们困惑、迷糊,或者完全是误导,你可能会得到正确的结论,那就是文化差异驱动着这种误解模式。事实上,这种模式确实存在,它有力地表明,"耳聋"杜兰克的情况不仅仅是个性冲突的问题。

这种模式之所以令人费解,是因为美国人往往比法国人沟通更明确、更直接(或者更准确地说,更低语境,这一术语我们将在后面的章节中进一步探讨)。但在管理者向下属提供反馈时,则会出现例外。在法国,正面的反馈往往比较含蓄,而负面的反馈则来得更直接。在美国,情况正好相反。美国的管理者通常会直接给出正面的反馈,而试图用积极的、鼓励的语言来表达消极的信息。因此,在韦伯评价杜兰克的工作时,他使用了美国流行的每一个负面信息都有三种积极因素的做事方法,杜兰克离开的时候,耳朵里回响的是他赞扬的话,而负面的反馈听起来非常轻微。

如果杜兰克在和美国的新上司讨论她的工作表现时意识到这种文化倾向,她可能要比在法国上司那里更为重视收到的负面评价部分,从而更准确地解读反馈,尽可能地挽救自己的工作。

如果具备了同样的理解,韦伯可能会重新组织语言与杜兰克沟通。他可能会说:"在我进行绩效评估时,我总是从三四件我觉得这个人做得很好的事开始。然后我再讨论、评估会谈中真正重要的部分,当然就是你可以做出哪些改进。我讨厌不先从积极的方面着手,就直接跳到会谈中的重要部分。这个方法你觉得合适吗?"

简单地解释一下你所做的事情,助益良多,既可以消除直接的误会,也可以为将来更好的团队合作奠定基础。这个原则,在陈博描述他在会议的大多数时候保持沉默的原因时,也发挥着作用。这是我们为处理跨文化失误和提高与全球化团队合作的效率所提供的众多具体而实用的策略中的一种。

——划分世界的无形边界——

我们刚刚考虑过的两种情况比你想象的要常见得多。令人悲哀的事实是,开展国际业务的绝大多数经理人对文化如何影响他们的工作知之甚少。随着我们日常越来越多地通过电子邮件或电话等虚拟媒体与其他国家的人交流,这种情况尤为明显。当你在国外深入地生活、工作或旅行时,你会获取大量的背景信息,帮助你了解当地居民的文化,以便更好地理解与沟通,并做出相应的调整。相比之下,当你与一个国际同行进行电子邮件交流时,如果你没去过他的国家,就很容易忽略那些影响沟通的文化差异。

一个简单的例子是印度人特有的典型行为:半摇头、半点头。去印度出差,你很快就会发现,半摇半晃的半点头并不是不同意、不确定或不支持的表示。相反,它表明了兴趣、热情,或者有时是有礼貌地倾听。一两天之后,你会注意到每个人都在这么做。你会在心里明确地记下它的意思,然后你就可以在与印度的外包团队谈判时,准确地读出这种表达方式的意思。

但是,你每天在你的办公室里,可以通过电子邮件或电话,和远在丹麦赫勒鲁普或者哥伦比亚波哥大方面的人进行交流,而你却看不到他们生活和工作的环境。因此,在你和一位印度高级管理人员进行视频会议时,你可能会把他半摇半晃的意思解释为,他并没有完全同意你的想法。你要加倍努力去说服他,但是你说得越多,他看起来就越是表示不赞同。你困惑、沮丧抑或愤怒地挂掉电话。文化差异影响了你的交流,在缺乏实体接触所提供的视觉和环境暗示的情况下,你没有意识到在文化背景下正发生的事情。

所以,无论我们是否意识到这一点,沟通模式的细微差别,以及被认为是良好商业的复杂变量,或者从一个国家到另一个国家的文化常识,对我们如何相互理解并最终完成工作,影响巨大。许多这样的文化差异——关于什么时候说话或保持沉默最好、会议室里领导的角色,以及什么样的负面反馈最具建设性等问题的不同态度——可能看起来很微小,但是,如果你没有意识到这些差异,而且没有采取有效的管理策略,它们就会让你的团队会议脱离正轨,员工失去动力,外国供应商感到沮丧,而且在许多其他方面也会让你更难实现目标。

如今,无论是在杜塞尔多夫、迪拜、巴西利亚、北京、纽约还是新德里工作,我们都是全球网络的一部分(真实的或虚拟的、物理的或电子的),要想成功就需要在极其不同的文化现实中航行。

除非我们知道如何解读其他文化,避免容易落入的文化陷阱,否则我们很容易成为误解、不必要的冲突和最终失败的牺牲品。

——接纳个体差异仍然不够——

在不同的文化背景下工作几十年、经常出差,却仍然不知道或没感觉到文化对你的影响,这是很有可能的,也是很常见的。数以百万计的人在全球环境中工作,同时从他们自己的文化视角看待一切,并假定所有的差异、争议和误解都根源于人性。这不能归罪于懒惰。许多善良的人并没有自主学习有关文化差异的知识,因为他们相信,只关注个体差异就足够了。

在我发表了一篇关于亚洲文化之间的差异及其对跨亚洲团队合作影响的在线文章后,一位读者评论说:"谈到文化差异,我们会形成刻板的印象,因而把个人放在贴着'一般特征'标签的盒子里。与其谈论文化,重要的是要把人视为个体,而不仅仅是环境的产物。"

起初,这个论点听起来很合理,甚至颇有智慧。诚然,个人,不管他的文化渊源是什么,都有不同的人格特征。那么,为什么不去认识所有人的个性化特征并推而广之呢?不幸的是,这一观点使大多数人在互动中形成误解。如果你进行每一次互动都假设文化无关紧要,那么你的默认机制就是通过你自己的文化眼镜来看待他人,并据此判断或误判他人。忽略文化,你会得出结论:"陈不说话,很明显他没话可说!他缺乏准备,正在破坏这个培训项目!"或者:"在我们的绩效面谈中,杰克告诉我一切都很好,而他实际上对我的工作并不满意——他是一个不坦荡、不诚实、不称职的上司!"

是的,每个人都与众不同。是的,在你和来自其他文化的人一起工作时,你不应该根据一个人来自哪里就预设其个人的特征。但这并不意味着了解文化背景是没有必要的。如果你的事业成功依赖于你与来自世界各地的人合作成功的能力,那么与尊重个体差异一样,你需要对文化差异有所了解。两者都是必不可少的。

文化和个人的差异常常被组织、行业、职业和其他群体的差异所缠绕。但是，即使在最复杂的情况下，理解文化差异如何影响着个人或群体差异，也能帮助你找到一种新的方法。行为和信仰的文化模式经常影响我们的感觉（我们所看到的）、知觉（我们的想法）和行为（我们所做的）。这本书的目的是帮助你提高自己对文化的这三个方面的解码能力，并提高你处理这些因素的效率。

——绘制世界文化地图的八个量表——

我并非出生在一个父母带着周游世界的多元文化家庭。相反，我出生在明尼苏达州的双港市外面一个地方，这个地方在离开德卢斯、以贝蒂饼店为家的司机中特别有名。这是一个小镇，那里大多数人的一生是在他们童年就熟悉的文化中度过的。我的父母稍微多一些冒险精神，在我4岁的时候，全家搬到了离德卢斯足足有200英里的明尼阿波利斯，我就在那里长大。

长大成人后，我深深地爱上了以截然不同的方式看待这个世界所带来的兴奋的感觉。现在我有将近一半时间在美国以外的国家生活，我已开发的技能包括了在博茨瓦纳教中学生英语，学着下午茶点吃蛾毛虫，在印度进行短期经理人培训，晨跑的时候躲避牛、鸡和人力三轮车。

如今，我嫁给了一个法国人，在法国养育着两个孩子，我每天都要努力应对跨文化的挑战。一个有教养的人，在吃生菜之前，必须把生菜叶子折叠起来吗？或者把生菜切开也是可以接受的吗？如果昨天从大厅经过的时候，楼上善良的邻居们亲吻了我的脸颊，那么每天我初次遇到他们的时候都要亲吻他们的脸颊，是不是有些过头了呢？

然而，本书展现的内容并不是关于生菜叶或蛾毛虫的讨论（虽然这也很有趣），而是关于在最具文化多样性之一的机构教授跨文化管理。在开设了一家跨文化咨询公司的法国分公司，有幸从数十名陈博这样的文化专家那里学习之后，我开始在欧洲工商管理学院（INSEAD）担任教授，这是一所国际工商管理学院，在明尼苏达州的双港市可能不为人知。

欧洲工商管理学院是几个罕见的人人都是文化少数民族的学院之一。虽然它主校区位于法国，但只有7%的学生是法国人。我最近一次的查询发现，最大的文化群体是印度人，大约占学生总数的11%。其他经管学生在世界各地生活和工作，许多人的职业生涯从一个地区转移到另一个地区。当涉及跨文化管理时，这些全球经理人是世界上经验最丰富、最博学的高管。尽管他们来到欧洲工商管理学院向我们学习，但实际上我每天都在偷偷地向他们学习。我已经把我的课堂变成了实验室，在这里，经理人参与者们测试、挑战、验证和纠正我十多年来的研究发现。许多人分享了自己的智慧，以及他们在全球范围内成功的解决方案。

这些宝贵的信息和经验展示出八个量表模型，这是本书的核心。这八个维度的每一个都代表了管理者必须意识到的一个关键领域，展示了不同文化是如何沿着一个图谱从一个极端到另一个极端的。这八个量表是：

- 沟通：低语境对高语境
- 评价：直接负反馈对间接负反馈

- 说服：原则优先对应用优先
- 领导：平等主义对等级体系
- 决策：一致同意对自上而下
- 信任：基于任务对基于关系
- 反对：对抗对避免对抗
- 时序：线性时间对弹性时间

无论你是需要激励员工、取悦客户，还是简单地组织一个跨文化团队成员的电话会议，这八个量表都能帮助你提高效率。通过分析一种文化相对于另一种文化的定位，这套量表有助于你解读文化对自身国际合作的影响，并避免遭遇韦伯和杜兰克那种痛苦局面。

——让文化地图发挥作用——

举个例子，说明在真实情况下，这些量表是如何发挥作用的。想象一下，你是一名以色列经理，为一家刚刚在俄罗斯购买了一个工厂的公司工作，你的新职位要求你管理一群俄罗斯雇员。一开始，事情进展顺利，但你觉察到，与和自己的以色列员工共事相比，你遇到了更多的困难。你没有从团队中得到相同的结果，你的管理风格似乎没有像在国内时那样产生那么积极的效果。

在困惑和担忧之下，你决定看看俄罗斯商业文化在八个量表上的位置，并与以色列文化进行比较。结果是图0-1所示的文化地图。我们将在后面的章节中详细探讨这个工具。

在你回顾文化地图时，你注意到俄罗斯和以色列的商业文化都注重灵活的时间表，而不是组织化的日程表（时序量表），都接受和欣赏公开的反对（反对量表），处理信任问题基于关系，而不是基于任务（信任量表）。这与你的经验很有共鸣。然而，你会注意到，在领导量表中（领导量表），这两种文化之间存在着巨大的分歧，俄罗斯倾向于采取一种等级制度，而以色列则倾向于采取平等主义制度。

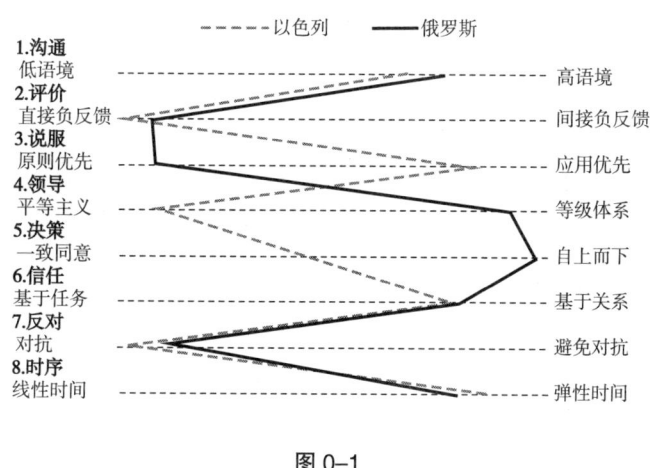

图 0-1

这表明，在俄罗斯的严格等级体系下，扁平的组织结构和平等管理风格可能是无效的。

这是一个线索，你开始重新考虑以色列人的普遍看法，即老板只是"伙计中的一员"。你意识到，你的一些言行适合于平等的以色列文化，但可能被你的俄罗斯团队误解了，甚至可能会让他们灰心。在接下来的几周内，你开始调整你的领导风格，你会发现氛围在慢慢地改善，经营业绩也在改善。这是一个例子，说明我们使用八个量表和文化地图使组织内部发生了真实的、巨大的变化，从而使每个人都受益。

——我的祖国位置怎么在那里？——

下面的每一章都是关于八种文化地图量表中的一种的，每一个量表都有20到30个国家处于一个连续的范围内，并引导你将量表应用到我们商业世界里几十种常见的情境中。因为在量表上重要的是两个国家之间的相对差异，所以来自地图上任何一个国家的人都可以将这本书的概念应用到与其他国家同事的互动中。

有些人可能会反对说，这些量表没有给个人、亚文化群、地区和组织的文化差异提供足够的权重。了解这些量表是如何被创造出来的，可以帮助你了解变化是如何在量表上反映出来的，以及你该如何最准确地运用这些量表所提供的见解。

举个例子，让我们来看看德国在时序量表上的位置，这反映了不同文化的人是如何管理时间的。我们采访德国中层经理，要求他们说出在安排会议、项目或时间计划时，灵活性对应组织化的重要性。当然，个体反应是不同的，但是一个规范的模式出现了。钟形曲线显示了德国在时序量表上的位置，这个范围内的商业行业在德国被认为是合适的、可接受的，其中大多数德国人的反应落在波峰上。它可能是这样的（图0-2）：

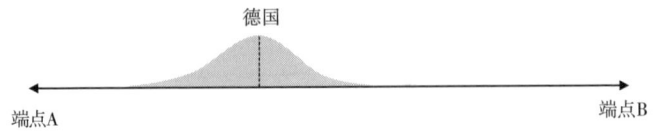

图0-2

当然,可能有一些例外——少数德国人,他们的反应落在波峰的右边或者左边——但他们的行为,从德国人的一般观点来看,会被认为是不合适的、不可接受的,或者至少在德国商业文化中是不理想的。

正是通过这种分析,我才开始在每个量表上描绘出国家的位置。后来,我根据数百名国际经理人的反馈调整了这些位置。

在你看这本书中描述的量表时,你看到的不是每个国家的波峰,而只是代表波峰标准位置的一个点,如图 0-3 所示。换言之,国家在量表上的位置表明了这个国家可以接受或认为适当的行为范围的中间位置。

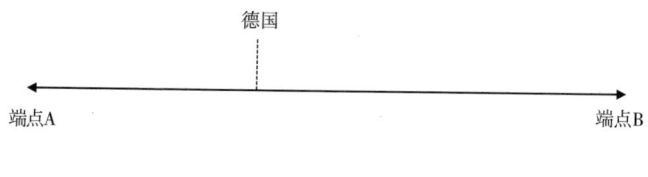

图 0-3

在你观察这个量表时,要记住,文化差异和个体差异都会影响到每一次国际互动。在特定文化可接受的商业行为范围内,存在个体差异的商业人士会在特定的情况下做出选择。

例如,评价量表(见第 2 章)涉及的是,在给予负面反馈时,是直接还是含蓄更好些。在荷兰,给予负面反馈有一系列可以接受的方式,荷兰的商业人士可以轻松地做出选择,在这个范围内的任何位置都可以。与此类似,在英国,给予负面反馈也有一系列适当的方式,英国的商业人士也可以从这个范围内的任何一个位置选择一种特定的方法（见图 0-4）。文化设定了一个范围，每个人都可以在这个范围内做出选择。这不是文化或个性的问题，而是文化和个性的问题。

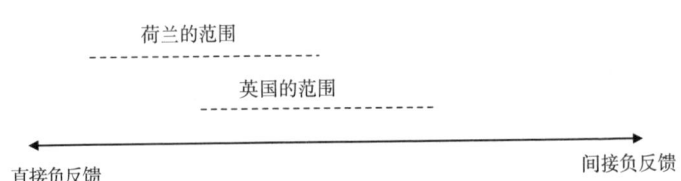

图 0-4

如果你比较上面两种文化，你会发现它们各自的范围有一部分是重叠的。因此，一些荷兰人会采用在荷兰和英国都适用的反馈方式，而另一些人则会使用一些在荷兰看来可以接受，但在英国却被认为不合适的、生硬的、无礼的反馈方式。这八个量表有助于你理解这些差异，并在广阔的文化背景下评估个体的选择。

——重要观点：文化相对性——

理解八个量表意义的另一个关键因素是文化相对性的概念。让我们观察观察西班牙在信任量表上的位置（图 0-5），思考它是基于关系还是基于任务来建立信任从而定位文化。

图 0-5

现在问自己一个简单的问题：西班牙是基于任务还是基于关系来建立信任？根据图0-5，大多数人会回答说西班牙是基于关系的。但这个答案是错误的。正确的答案是：如果你来自法国、英国、瑞典、美国，或者任何在西班牙左边的国家，那么和你自己的文化相比较，西班牙是基于关系的。然而，如果你来自印度、沙特阿拉伯、安哥拉或者中国，西班牙就是一个真正的基于任务的国家。所以，要和你自己的文化相比。

这里的要点是，在研究来自不同文化背景的人如何相互联系时，重要的不是每种文化在量表中的绝对位置，而是两种文化的相对位置。正是这种相对位置决定了人们如何看待彼此。

例如，考虑一下英国咨询公司毕马威（KPMG）发生的事情。他们创建了几个全球化团队，要把企业软件开发商SAP开发的管理软件系统的实施进行标准化。一个全球化团队主要由英国和法国的咨询顾问组成，在他们的整个工作中，英国人抱怨法国人无组织、混乱、不守时。"他们在会议中出现那么多次跑题，都不可能跟上他们的思路！"一位英国团队成员说。

在另一个由印度人和法国人组成的团队中，印度人抱怨法国人死板僵化，迷恋截止日期和结构到了无法适应周围环境变化的地步。一位印度团队成员说："如果你不提前几周告诉他们会议将会讨论什么、以何种顺序进行，他们就会非常紧张。"

为什么英国人和印度人对法国队员会有如此截然相反的认识？简单看一下时序量表（图0-6），法国落在英国和印度之间，导致英国人和印度人以两种不同的视角产生相反的认知。

图 0-6

在我把这段经历告诉一些在另一个全球化团队合作的德国人和英国人时,其中一个德国人笑了。"这很有趣,"他告诉我们,"我们德国人总是抱怨英国人无组织、混乱不堪,而且总是迟到——而在你的案例中,这恰恰是英国人对法国人发出的抱怨。"请注意德国和英国在时序量表上的相对位置。

因此,文化相对性是理解文化对人类互动之影响的关键。如果一位经理人想要建立和管理能够成功合作的全球化团队,他不仅需要理解和自己文化背景相同的人如何与各种国际文化背景的人交流,还需要了解这些国家文化的人如何感知彼此。

——面对内心的文化冲突——

最近,我有机会打电话给科西莫·图罗图罗(Cosimo Turroturro),他在伦敦经营着一个演说家协会。仅仅根据他的名字,我就认定他是意大利人。但他一开口,就用德语"ja"开头,很明显,他不是意大利人。

图罗图罗解释说:"我的母亲是塞尔维亚人,父亲是意大利人,我主要是在德国长大,尽管我成年后大部分时间生活在英国。所以你看,你谈论的这些文化差异,我不需要和任何人讨论就体验到了。我的内心充满了挑战!"

我笑了,想象着图罗图罗独自吃早餐,用意大利语对自己说:"你为什么要这么生硬?"用德语回答自己:"我,生硬?!为什么你要如此情绪化?"

虽然大多数人一生大部分时间都生活在自己的祖国,但是那些具有多重文化背景的人对本书的量表会有额外的兴趣。如果你在两个或多个国家生活过,或者你的父母来自不同国家,你可能会注意到多种文化可以帮你塑造自己的个性。你可能会发现,个人风格的一部分产生于人生的最初几年接触的文化背景,另一部分产生于上大学和第一份工作时的文化背景,还有一部分产生于你父亲和母亲的文化背景。下面的内容不仅能帮助你成为一个更高效的商业人士,还能帮助你前所未有地、更全面地认识自己。

——尝一口游泳的水——

文化是一个敏感的话题。谈论一个人的文化,常常会引发与谈论他母亲一样的反应。我们大多数人对认同自己的文化都有一种强烈的保护本能,尽管我们可能会对自己的文化进行猛烈的批评,但如果来自这种文化外部的人这样做,我们很容易被激怒。出于这个原因,在这本书中,我正踏入一个雷区。

我保证,我所讲述的所有情况都取材于真实公司里真实员工的故事,我改变了姓名、细节和环境,以保持匿名。尽管如此,但是在你听到别人谈论你所代表的文化时,你可能发现自己正做出防御性的反应:"这不是真的!我的文化一点也不像那样!"

冒着让人更加愤怒的风险,我重复一段熟悉的故事。有两条年轻的鱼遇到了一条游向相反方向的年长的鱼。它朝它们点点头,说:"早上好,孩子们,水怎么样?"——这促使一条年轻的鱼问另一条:"水到底是什么东西?"[1]

你生活在自己的文化中——就像鱼在水里一样——很难甚至不可能察觉到自己的文化。通常,那些毕生只在一种文化中生活的人只会看到地区和个体的差异,因此得出结论:"我的民族文化没有明确的个性。"

约翰·克利里是一名美国工程师,他在我的一门管理课程中解释了这一现象:

在最初的28年里,我生活在威斯康星州麦迪逊市的一个小镇,但由于工作的原因,我每周都在美国旅行,因为我的团队成员分散在全国各地。美国的地区差异很大,纽约市的感觉与佐治亚州的完全不同。所以,在我和外国人一起工作,他们说起与"美国人"共事的感觉时,我把他们的说法看作一种无知的表现。我会回答:"没有美国文化。美国有不同的地区,每个地区内每个个体都是不同的。"

后来我搬到了印度的新德里,开始领导一个印度团队,并监督他们与我以前在美国的团队合作。我非常激动,认为这将是一个了解印度文化的机会。我在新德里与印度人共事了16个月,从印度人的角度来看这种合作,可以说,我学到了极多的关于自己国家文化的知识。当我从外部视角看待美国人的思维方式、工作方式和行为方式时,我第一次认清了美国文化。我的祖国文化很有特点,但在我生活在其中、为其一员的时候,它是完全不可见的。

当你看到书中引用的人们从他们的角度对你的文化提出抱怨、批评或表示惊讶时,尽量不要把它当作对你个人的侮辱。相反,要把它看作一个学习更多知识的机会——不仅仅是关于世界上你不熟悉的文化的,还有关于你自己的文化的。试着去观察、感受和品尝陆地动物可以感知到的"水",你可能会觉得这段经历令人着迷且脑洞大开。

…

与伯纳德夫妇、陈博面谈之后,我回到巴黎的公寓。我回想起了陈博母亲的建议。我用谷歌搜索了她的话:"你有两只眼睛,两个耳朵,但只有一张嘴,你要相应地使用它们。"我期待这句名言始于"孔子曰",或者至少是"陈博的妈妈说",但没有那样幸运。哲学家爱比克泰德似乎也曾说过类似的话,但据我所知,他从未在中国生活过。

那天夜里,我没有再梦到水果等从购物车里消失。我躺在床上思考为什么陈博没有说话,为什么我在他沉默时还继续说话,而更加讽刺的是,我却在主持着一个关于跨文化交流的会议。我又想起了陈老太太的建议,真希望那天早上就听到。

陈老太太的建议听起来很有用,不仅针对中国人,也针对我们这些希望在文化壁垒中提高工作效率的人。当与来自另一种文化背景的人交流时,试着多观察、多听、少说。在说话前先听,在行动前先学习。在拿起电话联系中国的供应商,或者印度的外包团队、巴西的新上司、俄罗斯的客户等之前,使用所有可用的资源来了解你工作的文化背景与你自己的文化背景有多么不同,然后再做出决定。

1 倾听空气：跨文化沟通

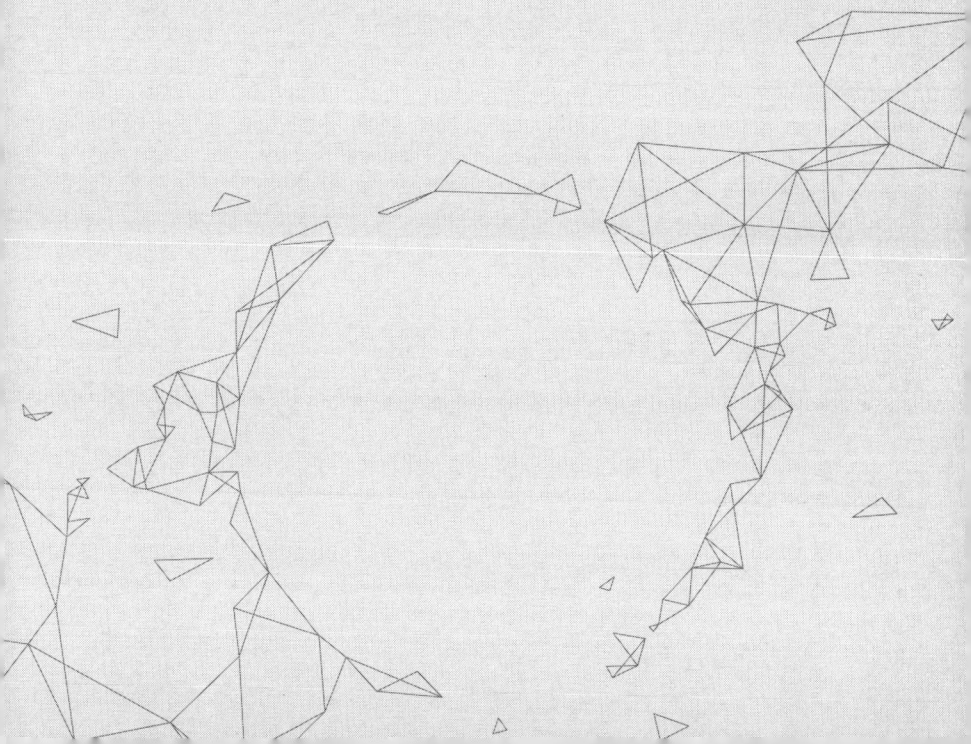

在我到达新德里的酒店时，天很热，更重要的是，我饿了。尽管我将在华丽的、五星级的奥贝罗伊酒店里花一周时间为一群印度管理者上课，但接待我的印度商学院却把我安置在几英里之外的一个更低调、小很多的住所里。虽然它很安静、很干净，但它看起来就像一个有窗户的大混凝土盒子，放在马路的后面，被一扇有锁的门守护着。我放下行李，环顾四周，感觉环境还算可以。住在一个简易的旅馆里，只有几步路就可以进入新德里日常的喧嚣中，这让我更容易感受到这座城市的味道。

吃午饭是我的首要任务。看到我走过去，门厅服务台后面那个非常友好的年轻人迅速立正。我问有没有吃饭的好地方。"旅馆左边有一家很棒的餐馆，我强烈推荐，"他告诉我，"它叫萨瓦加特。你不会找不到的。"

听起来很棒。我走到路上，向左边看了看。纷乱的街道充满了色彩、气味，还有活动区。我看到一家杂货店，一个卖衣服的小贩，挤在一辆摩托车上的五口之家，还有一群棕色斑点的小鸡在人行道旁的尘土中啄食，没有发现餐馆。

"你没找到吗？"在我重新进入酒店时，善良的礼宾用一种迷惑的语气问道。这一次，年轻人解释道："走出酒店，穿过马路，餐馆就在你的左边。它就在市场的旁边，有一个标志，你不会找不到的。"

好吧，显然我会找到的。我试着准确地按照他的指示去做，在酒店前面马上就过马路，然后再往左边看，但没有看到餐馆的招牌。我转向左边，走了一段时间。这里有点儿令人困惑，因为街道上拥挤不堪。过了一分钟左右，我来到了一个小街道，路边挤满了人、食品摊、卖凉鞋和沙丽的女人。这是礼宾所提到的市场吗？但是在仔细检查了我对"你左边"的所有可能的理解之后，我开始怀疑我是否成为某个真人秀节目的拍摄噱头。我回到了旅馆。

那个礼宾又对我笑了笑，但我看得出，他在想我真的不是很聪明。他摇了摇头，对我无法找到显而易见的东西感到迷惑。他说："我会带你去的。"于是我们离开了旅馆，穿过街道，转向左边，然后走了将近十分钟，在熙熙攘攘的人行道上穿过车流，经过几条便道，路过无数头牛。

最后，就在一家大银行的另一边，我看到了一个小牌子，上面写着"萨瓦加特"。

我感谢了礼宾的极度友善，同时不禁想知道他为什么没有告诉我："过马路，左转，走9分钟，看街角的大银行，在你看到大型水果店时，往黄色外墙大楼的二楼看，找写着餐馆名字的招牌。"

当这个问题浮现在我的脑海中时，我可以看出这位好心的礼宾人员在想："这个可怜的、傻傻的女人该怎样在这里度过一周呢？"

如同我在新德里寻找午餐的结果所表明的那样，一名有效的沟通者所涉及的技能在不同的文化中有很大的差异。在美国和其他盎格鲁－撒克逊文化中，人们尽可能按照字面意思（大部分是下意识的）明确地交流。良好的沟通是清晰和明确的，准确传达信息的责任被牢牢地系于沟通者的身上："如果你听不明白，那是我的错。"

相比之下，在许多亚洲文化，包括印度、中国、日本和印度尼西亚的文化中，信息往往被含蓄地传递，这就要求听众在字里行间进行解读。同样的情况也适用于许多非洲文化，在肯尼亚和津巴布韦的文化中有此发现,在拉丁美洲文化(如墨西哥、巴西和阿根廷的文化)和拉丁欧洲文化(如西班牙、意大利、葡萄牙的文化),以及法国的文化中,也有较小程度的类似。良好的沟通是微妙的、分层次的,并且可能依赖于丰富的潜台词,信息传递的责任由发送信息者和接收信息者共同承担。

事实上,对和自己文化背景相同的人来说,酒店礼宾提供了所有必要的信息,使人们足以找到萨瓦加特。一个生活于同样的德里文化背景中的印度人可能会根据酒店礼宾所提供的线索很快就想到餐馆的位置。当我还在街上疲惫地寻找的时候,他早已在吃午餐了。

从我对萨瓦加特餐馆的探寻中表明,对有效沟通来讲,做一个好的倾听者与成为一个好的表达者一样重要。这两种基本技能在不同的文化中都是相同的。

……

那是在法国的一个春天,我在那里生活了几年,我被要求在欧文斯科宁公司主办的巴黎人力资源会议上发表演讲。欧文斯科宁是一家全球领先的住宅建筑材料生产商,总部位于俄亥俄州的托莱多,离我的家乡明尼苏达州足足有11小时车程,但仍然处于美国中西部文化的边界内。

到达会场时,我发现50名人力资源总监聚集在一个典型的巴黎酒店内,天花板很高,阳光透过落地窗洒下来。其中38人来自托莱多,其余的人来自欧洲和亚洲,但他们都在欧文斯科宁工作了至少

10年。我在会场后面的角落坐了下来。正好，排在我前面的演讲刚刚开始。

演讲者应该是公司的首席执行官大卫·布朗。大卫非常放松，显得平易近人。他穿着一件运动夹克，没有系领带，带着温和的微笑慢慢走进会场，并叫着几个人的名字和他们打招呼。他走上讲台后，会场立刻安静下来，很明显，这些人力资源总监认为他是一个名人。布朗花了整整60分钟描述了他对公司未来的看法。他用简单的语言讲话，重复要点，用点阵式的幻灯片强化他的信息。这些总监认真地听着，礼貌地问了几个问题，在布朗离开之前给了他一片赞赏的掌声。

现在轮到我了，我的工作是讨论我最熟悉的主题——跨文化管理。我和这个小组一起讨论了一个小时，详细地解释了交流量表和它作为传达各种文化信息的工具的价值。似乎是为了强化我的主题，一位在托莱多生活了两年的日本人力资源经理高木健治举起手，提出了一个观点：

在日本，我们随着成长慢慢地学习到，交流时有言外之意，别人说话时要倾听字里行间的意思。不直接表达的信息沟通是我们文化的一个深层部分，文化渗透如此之深以至于我们在没有意识到的情况下就这么做了。举个例子，日本每年都有一个最流行新词的投票。几年前，年度词汇是"KY"。这是 kuuki yomenai 的缩写，意思是"一个不会读懂空气的人"，换句话说，是指一个人非常缺乏领悟言外之意的能力。在日本，如果你读不懂空气，你就不是一个好的倾听者。

这时，一名美国人打断了他的话："阅读空气，你这是什么意思?"高木解释说:"如果我在日本的一个会议上,有人含蓄地表达了不同意见或不舒服,我们应该能够从气氛中注意到这种不适。如果其他人没抓住这个信息,我们会说:'这个家伙是个KY!'"

美国人笑了:"我想这意味着我们美国人都是KY佬!"高木未予置评,我认为这是他同意的迹象。然后高木继续说:

在布朗先生发表演讲的时候,我调动了所有感官努力倾听——以确保我收集到了他想要传递的所有信息。但是现在,在听艾琳演讲的时候,我问自己:在布朗先生非常简单的话语之外,会不会有别的意思?在这个会场里的各位,我和你们一起工作了这么多年,在我讨论中读到空气的时候,我是不是也读到了一些你们本不打算传递的信息呢?

这是一个非常机敏的问题,也是一个非常令人不安的问题。大家陷入沉默,有几个人嘴巴微张着,而高木则安静地阅读着空气。

...

托莱多的管理者和来自日本的同事所代表的截然相反的交流方式,通常被认为分别是低语境和高语境的。

为了理解其中的一些含义,假设你正在和一位商业伙伴莎莉讨论问题,你俩都来自一个低语境交流的文化背景,来自这种文化背景的人从小就习惯于在一个低层次的文化背景下交流,就是说,说话者和倾听者彼此很少有共享的参照点,隐含的知识也相对较少。

在这种情境下,很有可能的是,在与莎莉交谈时,你会明确地说出你的想法，提供所有必要的背景知识和细节来帮她理解你的信息。在低语境文化中，有效的沟通必须是简单、清楚和明确的，以便有效地传递信息，而大多数交流者将会遵守这一要求，也通常不会完全意识到这一点。美国是世界上最低语境文化的国家，其次是加拿大、澳大利亚、荷兰和德国，以及英国。

尽管文化规范一般是通过一种间接和下意识的方式代代传承的，但你可能还记得在交流的机会方面，你得到过一些深思熟虑的教训。作为在美国长大的孩子，我当然也接受过这样的教育。我三年级的老师玛丽·简，一个身材瘦高、头发卷曲的女人，常常在周一的晨会上用这句座右铭来教导我们："说你所指，指你所说。"16岁时，我在南明尼阿波利斯高中上了一门选修课，是关于如何做有效演讲的。在这门课上，我学会了成功地向听众传递强有力信息的传统美式规则："告诉他们你要告诉他们什么，然后告诉他们，接着告诉他们你告诉了他们什么。"这是一种简单的低语境交流的哲学。

我也从家里的低语境交流中得到了一些经验。和许多兄弟姐妹一样，我的哥哥经常和我吵架。为了减少争吵，妈妈经常用积极倾听来教导我们：你尽可能清楚明白地和我说话，然后，我将清晰而明确地重复我所理解的你所说的内容。这个技巧旨在帮助人们快速澄清事实和纠正误解，从而减少（如果不能消除的话）毫无必要和毫无意义的争论。

这样的童年课程灌输给我这样一种假设：清晰详述就是好的沟通方式。但是，正如高木所解释的那样，在日本这样的高语境文化中，良好的沟通是非常不同的。在日本，就像在印度、中国和许多其他国家一样,人们从孩童时起就掌握了一种非常不同的交流方式——依赖于对常见参考点和共享知识的无意识假设。

假设你和一位名叫玛利亚姆的商业伙伴都来自高语境文化的国家,如伊朗。想象一下,玛利亚姆已经前往你家,乘晚上10点的晚班火车到达。如果你问她是否愿意在睡觉前吃点东西,当得到礼貌的回答"不,谢谢你"时,你的反应是再问她两次。只有当她第三次也回答"不,谢谢"的时候,你才会接受"不"作为她真正的回答。

原因在于共享的假设认为每一个有礼貌的伊朗人都明白这一点。你和玛利亚姆都知道,一个彬彬有礼的人在第一次被献上食物的时候不会接受,不管他有多饿。因此,如果你不再三询问,玛利亚姆可能会因为饿着上床而痛苦,而你也会因她没有尝到你特意为她准备的鸡肉沙拉而感到遗憾。

在像伊朗这样的高语境文化的国家中,把某些信息太明确地表达出来并不一定是必要的——确实如此,也经常是不恰当的。如果玛利亚姆回答你第一次的建议时说:"是的,无论有啥,请给我一大份,我快饿死了!"这种反应会被认为是不雅的,或者是相当粗鲁的。幸运的是,童年就学到的文化交流让人变得不这么直率。你和玛利亚姆都知道"不,谢谢你"可能意味着"请再问我一次,因为我还饿着"。

还记得我在新德里与礼宾的窘迫邂逅吗?如果我是来自德里的印度人,对理解隐含信息有共同的高语境文化背景,我就能更好地破解礼宾指路的信息。由于缺乏这些文化背景,我被弄晕了,无法找到去餐馆的路。

——语言与历史的相互影响——

语言反映了其文化的交流方式。例如，日语和印度语（就像新德里那样）都是高语境语言，在这种语言中，使用比例较高的单词根据其使用方式和时间的不同有多种解释。例如，在日语中，"ashi"一词同时指"腿"和"脚"，这取决于上下文。日语也拥有无数的同音异义词，但在英语中很少（如"亲爱的"和"鹿"）。在印地语中，"kal"这个词同时指明天和昨天。你必须听完整个句子来理解它所使用的语境。因为这个原因，当对方说日语或印地语的时候，你真的需要"阅读空气"来理解信息。

我的工作语言是英语，也用法语。法语是一种语境比英语高得多的语言。英语的单词量是法语的7倍多（50万对7万），这表明法语依赖上下文线索来解决语义歧义的程度要比英语大得多。许多法语单词都有多种意思，例如，ennuyé可以指"无聊"或"烦恼"，这取决于它使用的语境——也就是说，听者负责辨别说话者的意图。

法语中包含了一些专门指高语境交流的习语。一个是"言外之意"（sous-entendu），字面意思是"语言之外表达的意思"。使用言外之意基本上是指在说一句话时表达出另外一些东西。例如，如果一个男人对他的妻子说："你买的太妃糖冰激凌卡路里很高。"他的言外之意可能是："你体重增加了，所以不要吃这种冰激凌。"他没有明确地说她变胖了，但是当他看到妻子伸出手向他丢过来一只鞋子的时候，就会知道她领会了他的言外之意。

我曾经问过一位正在抱怨一个不称职的团队领导的法国客户，有没有向他的上司描述过这个问题。客户回应道:"嗯,是的,但那是言外之意,如果他想明白的话,就能明白。"同样的表达方式也存在于西班牙语(sobrentendido,言犹未尽)和葡萄牙语(subentendido,不言而喻)中,虽然不太常见,但它们的用法大致相同。

一个类似的法语表达,指的是在第二层级上讲话。我可能把一件事说得很明白——那是我第一层级的信息——但这句话可能有一个未言明的潜台词,那就是第二层级的意思。

二重信息的使用是法国文学的一个特点。想想17世纪的作家让·德·拉封丹。在第一层级上,他创作了一些简单的儿童故事,但如果你理解了这些故事所写的时代背景,就可以理解他第二层级的意义——成年人的政治信息。例如,拉封丹著名的蚱蜢和蚂蚁的寓言表达了一种直白的道德观,大多数孩子都能明白:奉行节俭以备艰难之需是很重要的。但是,只有与他同时代的久经世故的成年读者才能意识到拉封丹第二层级的信息,即国王路易十四应该停止花那么多钱去改变厄尔河的河道向凡尔赛宫的喷泉供水。

在法国,优秀的商业交流者会在日常生活中使用二重交流。在做演示的时候,管理者可能会说一件有明确含义的事情,每个人都能理解。但是,那些有共同背景的人可能会收到有关第二层级的信息,这才是真正的意图。

因此,相较于源自拉丁语系的罗曼语族(法语、西班牙语、意大利语和葡萄牙语),英语是一种较低语境的语言,而罗曼语族的语境又比大多数亚洲语言都要低。然而,观察沟通量表上各种文化从最明确到最含蓄的排名,语言并不是整个故事的全部(见图1-1)。

```
美国      荷兰      芬兰           西班牙 意大利 新加坡 伊朗 中国 日本
   澳大利亚    德国   丹麦    波兰   巴西 墨西哥 法国    印度 肯尼亚 韩国
        加拿大        英国         阿根廷 秘鲁 俄罗斯 沙特阿拉伯 印度尼西亚
```
←――――――――――――――――――――――――――――――→
低语境   高语境

图 1-1

低语境：良好的沟通是精确、简单、清晰的。信息以面对面的方式表达和理解。如果能帮助澄清沟通，重复是很受欢迎的。

高语境：良好的沟通是复杂、细微、分层的。信息的表达和读取都在字里行间。信息通常是隐含的，而不是直白地表达。

美国的文化是世界上语境最低的文化，所有的盎格鲁-撒克逊文化都落在了量表的左手边，英国的文化是盎格鲁-撒克逊语族中语境最高的文化。所有讲罗曼语的国家，包括意大利、西班牙和法国等欧洲国家，以及墨西哥、巴西和阿根廷等拉美国家，都落在了量表的中间偏右位置。巴西的文化是这个语族中语境最低的文化。许多非洲和亚洲国家落在量表中更靠右的位置。日本的文化是世界上语境最高的文化。

正如你所看到的，语言只提供了部分指示，表明文化将在沟通量表上落在何处。虽然都是盎格鲁-撒克逊语族国家，但美国和英国的差距是相当大的，就像巴西和秘鲁的差距一样，这两个国家都是罗曼语国家。

除了语言之外，一个国家的历史在很大程度上影响了它在沟通量表上的位置。举个例子，请思考一下量表两端的美国和日本这两个国家的历史。

高语境文化往往有着悠久的共同历史。通常他们是关系导向的社会，关系网络代代相传，在社会成员之间产生更多的共享语境。日本是一个拥有同质人口的岛国，有着数千年的共同历史，在很长一段时间里，日本与世界其他地区隔绝。在这几千年的时间里，人们变得特别善于领会彼此的信息，正如高木所说的那样——阅读空气。

相比之下，美国这个仅有几百年共同历史的国家，是由来自世界各地的大量移民组成的，他们有着不同的历史、语言和背景。因为他们没有共同的语境，所以美国人很快就学会了，如果他们想要传递一个信息，就必须尽可能地说清楚，几乎不留含糊和误解的余地。

因此，你可能会注意到一个模式（参见图1-2），国家是根据语言类型划分族群的。在左边，你看到了盎格鲁-撒克逊语族，接着是罗曼语族，在右边的是一群说亚洲语言的国家。在每个族群中，你可以看到，历史的长度和同质化程度是如何影响沟通风格的。例如，在盎格鲁-撒克逊语族中，美国具有文化多样性，拥有最多的语言及最短的共同历史。这有助于解释为什么美国是盎格鲁-撒克逊语族中最低语境文化的国家。在罗曼语族中，巴西是最多元化的，也是语境文化最低的。同样的模式也适用于亚洲，新加坡和印度这样的低语境国家拥有最丰富的语言，并且具有文化多样性。

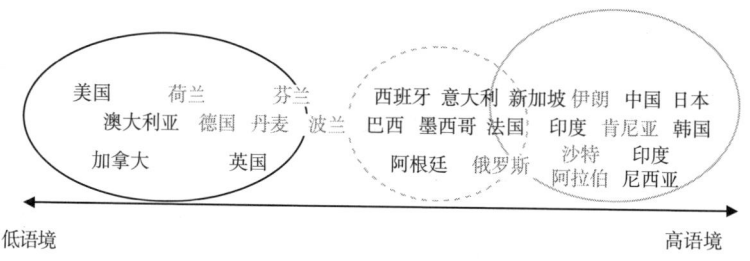

图1-2

20 世纪 30 年代，美国人类学家爱德华·霍尔在美国原住民保留区工作时，最先提出了低语境和高语境沟通的概念，他经常用婚姻关系来描述高低语境交流的差异。想象一下，到两个人结婚 50 年或 60 年时会发生什么。在如此长的时间里，他们分享了相同的环境，仅通过观察对方的脸色或手势就能够收集到大量的信息。然而，新婚夫妇需要明确地表达他们的信息，并且经常需要重复，以确保他们收到准确的信息。[1] 具有较长或较短历史国家之间的对比是显而易见的。

——优秀沟通者是如何形成的？——

在日常生活中，我们有时会直白地交流信息，而在其他情况下，则会隐晦地传递信息。当你说某人是"一个好的沟通者"时，到底意味着什么？你回答这个问题的方式表明了你在这个量表上的位置。

在我的一个班级里，一位荷兰经理人注意到他的国家在量表上较低语境的位置，就抗议道："在荷兰我们也会通过字里行间表达意思。"但当被问及一个经常通过字里行间沟通的商务人士会被认为是好的还是坏的沟通者时，他没考虑太久。"坏的。这就是我们和法国人的区别，"他说，"在荷兰，如果你不直接说，我们会认为你是不值得信赖的。"

如果你来自一个低语境文化系统，你可能会认为高语境的沟通者是神秘的，缺乏透明度，或者无法有效地沟通。卢·埃德蒙森是美国卡夫公司一名负责销售的副总裁，他到世界各地与亚洲和东欧的供应商进行谈判。他说得很直白："我一直相信人们会言其所指，并指其所言——若非如此,那么,必为撒谎。"

如果你来自一个高语境文化系统,你可能会认为低语境的交流者不恰当地陈述了显而易见的事实("你没必要这么说!我们都明白了!"),甚至摆出一副居高临下、屈尊俯就的样子("你跟我们说话就像对小孩子一样!")。虽然我在美国以外的地方生活和工作了很多年,但低语境的交流仍然是我的天然风格。我很尴尬地承认,我不止一次地接受了欧洲同事的这两项指控。

几年前,我曾合作过的一家位于纽约的金融机构,要求我对他们的组织进行文化审计。因为企业文化不是我的专长,也没有足够时间做好这个项目,所以我找到了一位意大利同事保罗与我合作。

我们在保罗的办公室里见面,保罗高兴地接待了我。作为比我年长25岁的资深人士,保罗有着杰出的研究员和作家的美誉。他送给我一本他最新的书,并饶有兴趣地听我描述这次合作。我开始解释因为工作、家庭和写作任务的原因,我花在这个项目上的时间将会很少。保罗点点头,然后我们更深入地探讨了这次合作,讨论了客户公司和需要解决的具体问题。我仍然对自己的时间限制感到担心,重复说,保罗需要完成80%的工作(当然也会得到80%的报酬)。然后,我们返回去探讨客户的需求及其解决的方法,但是在几分钟之后,我再次转到对时间的担忧上。

保罗不耐烦地笑着说:"艾琳,我不是孩子。我不是昨天出生的。我很明白你的意思。"我感到自己尴尬得脸红了。保罗非常善于捕捉一些微妙的信息,他第一次就抓住了我的意思。我道歉,并猜想保罗与数十名在欧洲工商管理学院工作的美国教师交谈时会经常这样做,他们澄清并不断重复自己的观点。

这个故事的寓意很明显：你可能被认为是一名母文化的顶级沟通者，但在与其他文化的人沟通时可能不管用。

一个有趣的现象是，在高语境的文化中，你受教育越多和越成熟，你就越有能力去说和听那些隐含的、多层次的信息。相比之下，在低语境文化中，受教育程度最高、经验最丰富的商界人士则是那些以直接、明确的方式沟通的人。结果是法国或日本公司的主席与同公司的低级别人员相比，很可能是较高语境的，而美国或澳大利亚企业的主席与同公司初级工作人员相比，可能是更低语境的。在这方面，教育倾向于将个人推向主流文化趋向的极致模式。

——都是相对的——

正如我们所指出的，当考虑到文化差异对你与他人交往的影响时，重要的不是个人的文化在特定量表上的绝对位置，而是他们与你的相对位置。下面的例子说明了这一原则是如何应用于沟通量表的。

美国人和英国人都处于沟通量表的低语境位置。但英国人的言外之意比美国人要多，这一趋势在英国人的高语境幽默中尤为明显。许多英国人喜欢用一张完全无表情的脸来讲讽刺或挖苦的笑话。不幸的是，这种幽默在很多美国人那里不起作用，他们可能会猜想英国人是在开玩笑，但他们不敢笑，以防对方并不是在讲笑话。

结果，英国人常说美国人"不懂讽刺"。然而，更准确的解释是，美国人只是语境比英国人更低。所以当美国人开个玩笑，尤其是在专业场合，他们很可能通过明确的语言或肢体线索来暗示："这是一个玩笑。"当一个英国人对另一个英国人说话时，这是完全没有必要的。在他们的高语境文化中，如果你要说一个笑话，那暗示语言就不必说出来。

阿拉斯泰尔·默里，一位居住在迪拜的英国管理者，提供了下面这个例子：

我参加了在阿联酋沙漠举办的一场长途自行车比赛，有数百名参赛者参加。为了表示友好，我在另一个自行车手前骑了一个身位，为的是帮他打破逆风，使他节省一点能量。因为一个陌生人最近也为我做了同样的事。

过了一会儿，那个车手骑到我旁边，用一种浓重的美国口音说："非常感谢你的帮助！"

我回答说："哦，当然！但如果我早知道你是美国人，我就不会这么做。"

对某些英国人来说，这显然是一个笑话，甚至是一种友好的延展。但是，我面无表情地以严肃的声音讲出来后，美国人看起来并没有领会。他默默地在我旁边骑行，开始慢慢地加速与我拉开距离。

于是我想到了美国人经常在讲完笑话后说"开个玩笑"，所以我试了一试。我告诉他："哦，嘿，开个玩笑！"

他回答说："噢！好吧！哈哈！很好的笑话。你从哪儿来的？"

哦，天哪，我想……这些咬文嚼字的美国人！

英国人比美国人语境更高，尤其是在幽默方面，但与西班牙和意大利，还有法国等拉丁欧洲国家的人相比，语境却很低。

我曾与斯图尔特·沙特尔沃斯共事，他是英国一家小型投资公司的首席执行官、老板和创始人，该公司30年间从一个人的商店发展到一个拥有100名员工的公司。两年前，他开始拓展国际业务。沙特尔沃斯向我表述了这种扩张为他造成的文化困境：

每天，当看到新同事在西班牙、法国和意大利工作时，我都在问自己，对我来说一些明显的常识，可能在那些环境中并不是常识。例如，有关会议复盘。在英国，一般来说，在会议结束时，你应该对已经决定的事情进行口头回顾，通常接下来还要有书面复盘，包括个人负责的行动项目，发给所有与会者。明晰、明晰、明晰，在英国这不过是一项良好的商业实践准则。

不久前的某天，我和一群在法国工作的员工以及我们在巴黎的客户一起在巴黎参加了一个会议。随着会议接近尾声，我期待着最后"这是我们已经决定的事情"的会议总结。然而，其中一位客户戏剧性地宣布"就这样（Et voilà，法语）！"似乎一切都已明朗。其他人都站起来，轻拍彼此的背，互相握手，说着感谢的话和未来的合作。

我情不自禁地想："但是，什么就这样了？"似乎我的法国同事都知道会议已经决定了什么，谁应该做什么，而不需要我们在英国所使用的商业实践准则。

沙特尔沃斯也对他所遇到的电子邮件礼仪感到困惑：

在英国和在美国一样，如果你给某人发了一封电子邮件，而那个人不能及时答复你，那么基于常识和礼仪，接收者应在24小时内回复类似的内容："我收到了您的信息，将在周三回复您。"换句话说，即使你没有什么可说的，也应该以一种低语境的方式明确地表达，你会在什么时候回复。缺乏明确的沟通意味着一些负面的东西。

现在,我给西班牙供应商发了一封电子邮件,我知道他做的是高质量和准时的工作,而且英语水平很好。鉴于相对美国来说,西班牙是高语境的国家,在三四天内,我可能不会收到他的回复。我想象着我的要求遇到各种各样的问题,使他们不能迅速回复……要么是所有员工都生病了,要么是整个大楼都被烧毁了,以至于没人能看他们的电子邮件。

三天后,我收到一封电子邮件,告诉我他们已经按照要求做了,一切情况都很正常。为什么他们不一开始就这么说呢?

法语、西班牙语和意大利语的语境明显高于盎格鲁–撒克逊文化的语境。但是亚洲文化比欧洲任何文化的语境都要高。随着商业世界的中心向中国倾斜,理解中国文化中典型的交流模式变得越来越重要。

沈怡是一名顾问,她在上海和巴黎两地工作,帮助欧洲人有效地与中国人合作。这是相当具有挑战性的,因为,正如沈所观察到的,"中国是一个有着强烈地域差异的大国。在许多方面,鉴于私营部门和公共部门巨大的差异和鸿沟,很难对中国的商业文化进行归类"。不过可以肯定的是,与西方文化相比,中国文化总体上具有非常高的语境。沈解释道:

当中国人含糊地表达自己的想法或观点时,真正的信息往往只在暗示中。他们期望对话伙伴高度参与,在信息破译过程中扮演积极的角色,并共同创造意义。在中国文化中,旁敲侧击(说话转弯抹角)是一种鼓励含蓄理解的风格。孩子们被教导得不仅要倾听明确的词语，而且要关注事物是如何被描述的，以及什么是没有说出来的。

我与沈合作，对数十位来自不同商业领域的欧洲经理人进行了访谈，他们在中国不同地区度过了大部分职业生涯。他们对如何在中国的环境中取得成功有各种看法。在这些采访中，在中国一家纺织品公司工作了15年的西班牙经理人帕布鲁·迪亚兹评论说："在中国，最前面的信息不一定是真正的信息。我的中国同事会给我一些提示，但我不能领会它们。后来，当我回想的时候，就会意识到我错过了一些重要的东西。"迪亚兹回忆了他与一位中国员工的讨论，过程是这样的：

迪亚兹：看来我们中的一些人周日要在这里主持客户访谈工作。

陈先生：我明白了。

迪亚兹：你能在星期天和我们一起来吗？

陈先生：是的，我想是的。

迪亚兹：这真是太好了。

陈先生：是的，星期天是重要的一天。

迪亚兹：在哪方面呢？

陈先生：那天是我女儿的生日。

迪亚兹：多棒呀！我希望你们都过得快乐。

陈先生：谢谢。我很感谢您的理解。[2]

迪亚兹觉得这种情况很好笑。"我很确定他说过他要来了。"迪亚兹说，"但他又非常肯定地传达出，他一定不能来，因为他要和家人一起庆祝女儿的生日。"

迪亚兹从经验中学会了如何避免陷入这些沟通的混乱中：

如果我不是百分之百确定自己听到了什么，耸耸肩然后带着自以为听到的信息离开，这并不是一个好的策略。如果我不确定，就必须负责任地要求澄清。有时得问三到四次，虽然这对我和同事来说都有点尴尬，但更尴尬的是，生产线都布置好了，万事俱备，就等着陈先生来，而他正在别的地方心满意足地唱着"生日快乐"这首歌。

——与高语境文化人士的共事策略——

正如你所看到的，跨文化交流可能充满了无形的困难。无论你认为自己是一个低语境还是高语境的交流者，有一天你都可能发现，自己正在与一个在量表上位置更靠右的同事、客户或合作伙伴共事。因此，能够作为一名机敏的沟通者灵活地向任何方向移动，对于任何一位商业人士来说，都是一项宝贵的技能。

在考虑提高效率的策略时，要记住一个重要原则——交流不仅是说话，还包括倾听。帕布鲁·迪亚兹从经验中领悟到了这一点。"我的中国员工不仅仅说话有言外之意，"他说，"他们还一直在试图发现一个意见背后的东西。这种类型的倾听对西方人来说是不自然的，他们把所有的事情都放在台面上。"

所以，当你和高语境的同事一起工作时，要更认真地练习倾听。迪亚兹说："我能给出的最好建议是，学会听懂是什么意思，而不是听到说了什么。这意味着更多地思考，提出更明确的问题，并努力感受肢体语言的暗示。"通过寻觅隐含的线索，你开始能够更准确地读懂空气。

回想一下上面陈先生和迪亚兹先生的对话，陈先生说"是"，但他同时表明真正的答案是"不"。在亚洲，包括中国、日本和韩国，尤其是在与老板或客户说话时，在字里行间说"不"是很常见的。如果你与一个来自这些国家的供应商或团队成员合作，你会发现"不"可以以多种掩饰形式出现。"你能在下周完成这个项目吗？"这类问题，可能会迎来一阵急促的呼吸声或态度不明的回答："这将是非常困难的，但我会尽力的。""我们会考虑的。""因为这些原因，会很难，但是让我考虑一下。"

通过练习，你可以学会阅读字里行间的"不"。为了验证，要问开放式的问题，而不是把人逼进一个只能回答"是"或"否"的死角里。例如，迪亚兹可能会问一个开放式的问题："你从派对上走开，回来工作几个小时，会有多大难度？"有了耐心，更多的信息就会出现。

"不要过早地形成观点。"迪亚兹建议说，"多听少说，然后在你不确定你是否理解的时候澄清。你可能需要在另一个本地人的帮助下解读信息。但是，如果你感到困惑，那就努力获取你需要的所有资料来得到你想要的答案。"低语境的经理人犯的最大错误之一是假设另一个人故意省略信息，或者无法明确地进行交流。通常情况下，高语境的人只是简单地用他所习惯的风格交流，没有故意让你感到困惑或想误导你。仅仅是要求澄清，就可以创造奇迹。过一段时间，你可能会发现你不必为了澄清而追问很多次，因为对方也学会了适应你。

如果你是一个发送信息的人，你可能会发现，当你和那些善于倾听言外之意的高语境同事交谈时，你不需要不断重复地表达。在重复之前，停止说话，等等看是否说一次就够了。如果你不确定信息是否让人理解了，你可以稍后再回到主题。

如果你发现自己因误解而受阻或受挫，那么自贬、自嘲，或者用正面词汇来描述其他文化是不错的选择。例如，我在新德里寻找那家名叫萨瓦加特的餐馆时，我可能会向礼宾提到，我来自一个有很多小镇、人很少，但有很多路标的国家。"印度人拥有我没有的本领。请好心给我画一个路线图，标明我在去餐馆的路上能够看到的每个路标或街道。"或者我可能会说："我真的很不擅长找东西，这个城市对我来说是完全陌生的。你能给我画一个小孩子都能看懂的简单的图吗？准确地标注出路上每一个阶段会看到什么，以及我要经过的每一条路。如果还能标明我每走一段路程需要的分钟数，那对我更有帮助，因为我的方向感很差。"自我贬低会让你接受自己无法领会信息的事实，然后寻求帮助。

——与低语境文化人士的共事策略——

由于经常为在印度做外包的西方公司提供咨询服务，我经常听到这样的评论："当我对我的印度团队解释需要做些什么时，他们没有任何问题。后来，我意识到他们并没有理解我的指示。为什么他们不要求我澄清？"

后来，印度计划与管理学院（Indian Institute of Planning and Management，IIPM）组织了一次多城之旅，我与四个印度城市的管理人员一起工作，经历了更多的高语境交流。在我为这次旅行做准备期间，我经常通过电话和电子邮件与学校的组织者交流，询问诸如此类的问题："到底有谁会参加我的会议？他们有什么样的国际经验？他们为什么对听我的课有兴趣？我应该预设什么样的问题？"不幸的是，我收到的回复是如此高语境，以至于我常常比询问之前更加困惑。与会者的姓名、背景和具体的商业需求仍然是模糊的，直到我进了教室才知道。

这些经历让我能很好地回答一个问题，一个班上的参与者在午休时问我的问题。"女士，"他礼貌地问，"你今天早上教我们的东西对我的日常工作很重要。我从未到过印度以外的国家，但我每天都通过电话和电子邮件与美国、澳大利亚和英国的客户一起工作。与这些同事和客户建立信任的最佳方式是什么？"

回想几周前我遇到的困难以及西方公司在印度工作的经验，我有了一个现成的答案：

尽可能透明、清晰和具体。解释清楚你为什么要打电话，明确地表达你的观点，把所有的观点都亮到前面。在电话结束的时候，扼要重述一下所有的要点，或者过后发送一封电子邮件，直接重复这些要点。如果你从来没有百分百确定你被要求做什么，不要解读言外之意，而是清楚地说明你不理解，并要求澄清。有时候，最好不要那么客气，因为这样会给人留下一种模糊或不确定的印象。

通过一些努力和练习，来自高语境环境的人可以学会以较低语境的方式工作和交流。要专注于识别什么时候你期望对方在字里行间读出你想要传达的信息，并养成更准确地表达出来的习惯。要以陈述主要观点来开始谈话,清晰地表达各个要点,然后在讨论的最后简要回顾一下已经决定的和接下来要进行的事情。如果你不确定自己的想法是否被接受了,那么你可以大胆地问:"我说得够清楚了吗?"跟进一封电子邮件,澄清任何可能仍然有点含糊不清的东西,并书面陈述主要的结论。

我遇到过一些来自高语境文化的人,他们已经变得善于调整自己的风格,与低语境的美国人交流也无障碍。

——跨文化合作的策略——

如果你的团队成员文化背景复杂——美国人不停地简要回顾并以书面形式进行固化,日本人阅读空气,法国人在第二层级上讲话,英国人把讽刺当作一种幽默形式,中国人拐弯抹角,这该怎么办?你认为最可能出现误解的地方在哪里?请考虑下面三个选项:

A. 一个低语境的人与一个低语境的人交流(例如:一个荷兰人与一个加拿大人交流)

B. 一个高语境的人与一个低语境的人交流(例如:一个西班牙人与一个荷兰人交流)

C. 一个高语境的人与一个高语境的人交流(例如:一个中国人与一个巴西人交流)

很多人认为答案是选项 B,低语境的人与高语境的人对话。正确的答案是选项 C。在一个多元文化的团队中,大多数误解发生在来自两种起源迥异的高语境文化的人之间,比如巴西人与中国人之间。

当我们来自相同的文化背景,并且用同样的方式诠释文化的暗示时,高语境的沟通就能很好地发挥作用。当两名日本人交流时,他们对环境的理解让他们很容易就能读懂空气,节约了时间(不需要重复三次),维持了关系(当我可以提示你,你可以接收到信息时,不需要直接告诉你一个"不"),并且保持了团队的和谐。但是当团队成员来自不同的文化背景时,高语境的交流就会中断。说话者可能会在两个文化背景之间传递一条信息,而听者可能会积极地专注于寻找意义。但是,由于这两个人来自完全不同的文化背景,收到的信息与发送的信息不同,误解的可能性也会增加。

幸运的是,如果你领导的是一个多文化的团队,那么并不需要从量表的左边到右边计算团队成员的数量,以确定该做什么。你只需要记住一个简单的策略即可:多文化的团队需要低语境的方法。

佩德罗·加尔韦是强生公司的墨西哥经理,他参加了我组织的为期一周的全球虚拟团队管理项目。

他发现自己管理着一个既有墨西哥人也有沙特阿拉伯人的团队——他们是两种截然不同的高语境文化的代表。加尔韦回忆道:

沙特人有一种不同于墨西哥人的传递和解读信息的方式,我们很快就开始互相误解了。在我的一个墨西哥团队成员和他的沙特同事之间发生了一次误会之后,我分别和他们就所发生的事情进行了交谈。墨西哥人对我说:"我把事情说清楚了,所以只要他想明白,就可以明白。"我可以想见,随着这种误解的发生,我们可能会面临很多大麻烦。

那次事件之后,我把团队成员召集到一起,制定了基本规则。我认为，基于我们有着不同的语言、不同的文化背景，以及我们两种文化都有一种含蓄的交流方式——习惯在字里行间传递信息，我们极有可能产生误解。我请小组提出减少误解的解决方案。在小组中，他们就我们如何共同工作制定了一套程序。

加尔韦团队开发的基础规则清单很简单，也很有效。在任何会议结束时，都会有三个级别的确认：

- 由一个人口头上概括要点，这项任务会从一个团队成员轮换到另一个团队成员。
- 每个人都要口头总结自己下一步要做什么。
- 由一个人发送一份扼要的书面总结，仍然是轮换制。

他们在一对一的谈话或电话通话之后，也会使用类似的显式回顾和总结系统，目的是抓住并纠正任何误解或疏漏。

如果你的团队中有一种以上高语境文化的成员，就把问题摆出来，让团队寻找他们自己的解决方案，就像加尔韦那样。不要等到问题出现时才去解决。团队形成的时候和在错误的沟通发生之前是寻找解决方案的最佳时机。

还有一点需要补充说明。加尔韦的团队在他们的规则清单上添加了以下声明："这是我们的团队文化，我们已经明确地同意了，所有人都觉得很舒服。"加尔韦知道，让每个人都接受明确的、书面的协议是很重要的，也是很有挑战性的。把事情写下来在某些高语境文化中可能意味着缺乏信任。所以在要求小组写东西之前，他一定要了解团队成员间的文化差异。

—— 什么时候需要写下来？ ——

一种文化的语境越低，人们就越倾向于把所有的东西都落到纸面上。"那是一次很好的会面——我会给你发一份书面的纪要。""谢谢你的来电——我给你发邮件，列出下一步的工作。""你被录用了——这是你书面的岗位说明书和正式的录用通知书。"这就解释了为什么与欧洲和亚洲的公司相比，美国的企业往往拥有更多的文档：

- 组织结构图（在纸上说明谁为谁工作）
- 头衔（准确描述谁处于什么级别）
- 书面目标（解释谁负责完成什么事情）
- 绩效评估（以书面形式描述每个人做得怎么样）

相比之下，许多高语境的文化——尤其是亚洲和非洲的文化——有着强烈的口头化传统，书面文件被认为是不必要的。在低语境文化中，把所有的东西都写下来是一种职业精神和透明度的标志，这可能会向高语境的同事暗示，你不相信他们会兑现口头承诺。

"这种事情发生在我身上！"贝沙里·沙姆斯丁是一位在跨国汽车供应商法雷奥集团工作的印度尼西亚经理，她告诉我："我的老板是德国人，但我的团队成员都是印度尼西亚人。在我们的文化中，如果我们有一段牢固的关系，并达成一项口头协议，那对我来说就足够了。所以，如果你放下电话，给我发了一封电子邮件，把我们刚刚决定的一切都简要写下来重复一遍，那将是一个明确的信号，你在告诉我你不信任我。"

贝沙里愿意遵从她德国上司的意愿来调整她的风格。她回忆道：

我的老板要求我使办公室的沟通更加透明。他抱怨说，他常常不知道做了什么决定。因此，他要求我给他和所有与会者写一份我们印尼团队周会的书面总结，以提高清晰度。

我永远不会忘记我第一次发给与会者每人一份简要总结时，我的印尼团队的反应。我的好朋友兼同事在我发出书面总结两分钟后就打电话过来问："你不相信我？贝沙里！我在会上告诉过你我会做的。你知道我说的话一向算数。"她认为我在"玩政治"——我们常这么说那些欧洲人。我被夹在老板的文化和员工的文化中间。

在下一次的团队会议上，贝沙里向大家解释了她为什么要把所有的东西都写下来，并请求他们宽容。"其实很简单。"她说，"一旦员工明白是大老板要求我写一份书面的简要总结，他们就会很认同了。而且正如我解释的那样，这在德国是一种很自然的工作方式，他们就加倍认同了。如果我需要员工以一种非印度尼西亚人的方式行事，我现在就得开始解释文化差异；如果我不这样做，负面反应就会纷至沓来。"

如果你在一个低语境和高语境成员都有的团队里工作，那就遵从贝沙里的引导。把事情写下来可以减少混乱，为跨文化团队节省时间。但是一定要先解释清楚，为什么你要这样做。

…

现在，让我们回到本章开头我在新德里的历险。在一顿印度式菠菜奶酪的美味午餐之后，我离开了萨瓦加特餐馆，回到旅馆，那个友好的礼宾热情地微笑着。我告诉他我很喜欢这顿午餐，并希望下午去参观库特卜塔（Qutab Minar）古遗址。他看起来有点紧张，也许对我在街上寻找遗址的能力表示怀疑。"你能不能为我一步一步地详细描绘出每一刻我需要怎么做才能找到遗址？正如你所见，我不太适应这样繁忙的都市。"

或许确信我没法在任何地方活动自如，更不用说在市中心繁忙的古迹那里了。他对我说："别担心，女士，我会安排好一切。我们有一个司机会带你到入口，然后在同一个地点接你。同时，我给你一幅地图，上面清楚地标出了酒店地址，以及这里和遗址之间的每一个地标。请把这张写着我电话号码的卡片拿上。如果你迷路了，找不到司机，我就亲自过来找你。"就这样，我在新德里开始了一个美妙的下午。

2 礼貌的多面性：评价绩效和提供负面反馈

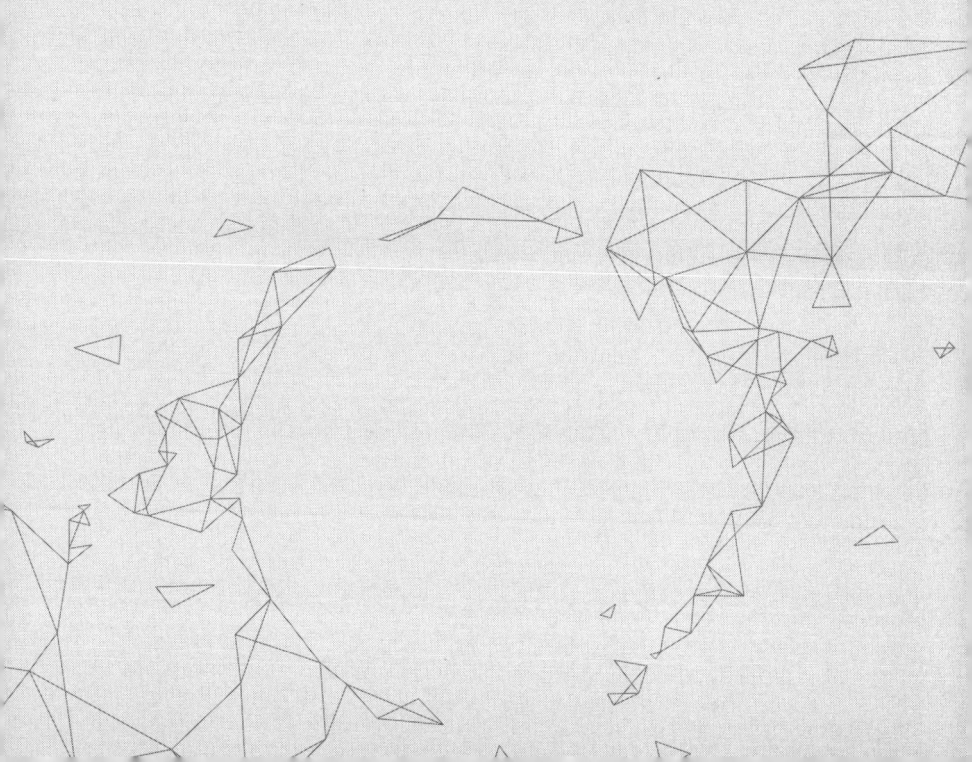

我们在引言中提到的财务总监萨宾娜·杜兰克,向后靠在她的椅子上,发出一声沮丧的叹息。事实证明,管理美国人比她想象的要困难得多。她的美国新上司杰克·韦伯向杜兰克通报说,几个团队成员在杜兰克进行过第一轮绩效评估后,有过言辞激烈的抱怨。他们觉得杜兰克的反馈是粗暴而不公平的,她把重点放在了消极的方面,却对他们所有的辛勤努力和劳动成果只字不提。

杜兰克目瞪口呆。她提供的反馈方式和她在数十名法国员工那里使用并大获成功的方式一致。美国员工的抱怨从何说起?

尤其令杜兰克困惑的是,她曾以为美国文化是非常直接的。"在法国,我们经常谈论美国人说话和做事多么直率坦白。从不含糊其词、遮遮掩掩,只有透明和直接——我们都知道这是真的。"

在这一章中,我们将在上一章沟通量表的基础上增加一个重要的转折点。一些低语境文化的人可能会隐藏负面的批评,而另一些高语境文化的人可能直白、坦率地告诉你你做错了什么。我们将会看到,在交流和评价量表上交换位置的国家并不只有法国和美国。

评价量表将会为你提供在世界不同地区进行有效的绩效评估和负面反馈的重要见解。即便文化背景各异,人们也大多认同"建设性的批评"。然而,在一种文化中被认为具有建设性的东西在另一种文化中可能被看作是破坏性的。进行适当的负反馈可以激励你的员工,并提高你公平而专业的声誉。错误的做法则会使整个团队士气低落,并给你带来不好的名声——无情的暴君或者无可救药的无能管理者。

—— 坦率讲话：是礼物还是打脸？——

1月中旬的一个星期四，我在一个黑暗的会议室里待了6个小时，有12个人参加了我的经理人教育项目。这是一个集体培训日，每位管理者都有30分钟的时间来详细描述他在工作中遇到的跨文化挑战，并得到其他人的反馈和建议。每个人的情况都有详细的背景，我逐渐对关注每个人的各种细节感到头痛。我们已经完成了9个人的培训，第10位的威廉刚刚开始。

威廉是一名来自荷兰的经理，他很害羞，很沉默，让我震惊的是他竟是一个销售主管。

威廉头发花白，有点凌乱，笑容很友好，让我想起了讨喜的圣伯纳犬。威廉的故事涉及他团队中的一位美国女士：她在开车送孩子去学校的时候打电话加入团队会议，当威廉对她说，孩子们尖叫的声音分散了他的注意力，并要求她找个更好的解决办法时，她表示抗议。"我怎样才能应付这种关系？"威廉问小组成员。

马尔腾是来自同一家公司的另一位荷兰人，他很了解威廉，马上就表达了自己的观点。他说："你处事不够灵活，可能有点社交障碍。这让你很难和团队成员沟通。"威廉听到这些话，变得面红耳赤（我不确定是尴尬还是愤怒），但这似乎并没有打断马尔腾，他在整个团队面前继续平静地指出威廉的弱点。与此同时，其他参会者——全是美国人——都尴尬地盯着自己的脚。后来，他们中的几个人都对我说马尔腾的评论是多么不合适。

那天晚上，我们计划好在法国乡村一家舒适的餐馆里享受一顿集体晚餐。我在其他人的后面进去,惊讶地看到马尔腾和威廉坐在一起,吃着花生,喝着香槟,像老朋友一样笑着。他们招手让我过去,我说的话似乎也很应景:"我很高兴看到你们在一起。今天下午的反馈环节过后,我还担心你们不跟对方说话了呢。"威廉惊讶地看着我。我解释说:"在马尔腾给出反馈的时候,你显得很沮丧。难道是我误解了你的情况?"

威廉说:"当然,我不喜欢听到对自己的批评。听到我过去做得很差,感觉不太好。但我非常感激马尔腾,他足够坦率才会给我那样诚实的反馈。这种反馈是一种礼物。谢谢你,马尔腾。"他带着感激的微笑补充道。

我心想:"荷兰的文化可真是……好吧……不同于我们自己的文化。"

总有某些时候,你会遭受太过直接的批评。你完成了一个重要的项目,在征求同事的意见后,她告诉你"这一点儿不专业",或者你的团队成员批评你所写的一项授权提案"很荒谬"。你可能为此极其痛苦,认为这个同事傲慢无礼。你很有可能拒绝了他提出的建议,并对这个人产生了强烈的厌恶感,一直持续到今天。

你也可能经历过相反的情形——你的工作获得诚实的评估会很有价值,但反馈却太过间接。比如,你问一位同事对某项目的想法,她告诉你:"总的来说不错。有些部分很棒,我特别喜欢某些部分。"或许她会提醒,只有一些很小的细节,你可能要考虑调整一下,使用的词语如"没什么大不了的"和"只是一个很小的想法",这会让你觉得自己的工作是近乎完美的。

如果你后来从办公室的小道消息得知,这位同事在背后嘲笑你的项目是"这些年来见过的最糟糕的项目",你可能不太高兴。你可能深刻地感受到背叛,让你对这位同事产生了一种持久的不信任感,她在你的眼里就像一个说谎者或伪君子。

当然,傲慢和不诚实确实存在。有些时候,人们为了追求政治目的或是应对个人情感问题而故意冒犯他人。但在某些情况下,像刚才描述的那些痛苦经历,是跨文化误解造成的。世界各地的管理者习惯以截然不同的方式给予反馈。中国经理学会了从不公开或当着别人的面批评同事,而荷兰经理则学会了保持诚实并直言不讳;美国经理接受的训练是在积极的信息里夹裹着消极的信息,而法国经理则被训练成热情的批评者,并较为克制地给予积极的反馈。

对于跨文化团队的领导者来说,清楚地了解这些差异和策略以进行有效引导是至关重要的。

—— 升级词、降级词以及翻译的艺术 ——

衡量一种文化如何处理负面反馈的方法是仔细倾听人们使用的词语类型。更为直接的文化倾向于使用语言学家所称的升级副词。升级副词用在负面反馈之前或之后,让人感到更强烈,比如"绝对""完全""强烈""这绝对不合适""这完全不专业"。

相比之下,间接文化更倾向于使用降级副词,就是那些能相对柔和地表示批评之意的词,比如"有几分""稍稍""有一点""也许""稍微"。降级词的另一个功用是刻意轻描淡写,用在句子里,可以用适度的情绪传达发表意见者内心蕴含的强烈情感,比如"我们还没太到位"的真正意思是"这还远远没有完成";"这只是我的意见"的真正意思是"任谁考虑这个问题都会立刻赞同我"。

我与阿米汗·卡斯蒂略一起工作多年,她是一位来自菲律宾的律师和商学教授。她在马尼拉取得职业生涯的巨大成功后来到欧洲工作。不幸的是,卡斯蒂略与我们的欧洲团队合作期间,她的意见被忽视了,因为她非常谨慎地对所有提案和项目的批评都进行了降级处理。例如,我们正在为一个新的经理人项目准备一本介绍性的小册子,卡斯蒂略可能会对封面设计发表评论说:"嗯,我想我们或许可以考虑让小册子的封面有一个更大胆的设计……你怎么认为?"欧洲人或美国人表达同样的意思时可能会说:"这个封面是不行的。我建议我们试试那个。"在与卡斯蒂略合作多年后,我才学会正确解读她的信息。

当然,世界上每种文化都会使用降级词,但有些文化用得更多。英国人在这方面是艺术大师,但他们的交流常常让我们感到困惑。1982年英国航空公司的飞行员埃里克·穆迪在飞进印度尼西亚上空的火山灰云层后发布声明:"女士们,先生们,晚上好,我是机长埃里克·穆迪。我们有一个小问题,飞机四个引擎都失灵了。我们正在尽最大的努力让它们恢复工作,我相信大家不会太过痛苦。还有,乘务长能到驾驶舱来一下吗?"

幸运的是,这架飞机还能够滑翔很远,离开了火山灰云层,引擎重新启动,使飞机安全降落在雅加达的哈利姆·珀达纳库苏马机场,没有人员伤亡。自那以来,录音中穆迪的声明被广泛誉为轻描淡写的经典例证。

"英荷翻译指南"(图 2-1)在互联网上以各种版本匿名流传,有趣地说明了英国人是如何使用降级词的,以及由此在另一种文化(在本例中是荷兰)的听众中造成的混淆。[1]

英国人所说	英国人的意思	荷兰人的理解
恕我直言	我认为你错了	他在听我说话
也许你会考虑……我建议……	这是命令。要么照着做,要么就准备好为自己辩护	考虑一下这个想法,如果你喜欢的话就去做
哦,顺便说一下……	以下是本讨论的目的	这不是很重要
我有点失望……	我很难过,也很生气……	这并不是真的有所谓
很有趣的是……	我不喜欢它	他被打动了
你能考虑其他选择吗?	你的主意不好	他还没有决定
请再考虑一下	这是个坏主意,不要这样做	这是个好主意,不断完善吧
这肯定是我的错	这不是我的错	这是他的错
这是一个初始的观点	你的想法真蠢	他喜欢我的主意

资料来源:Nanette Ripmeester

图 2-1

对于管理咨询公司毕马威的德国财务总监马库斯·克洛弗来说,这种跨文化误解并不是一件可笑的事情。作为一位40多岁、说话温和的经理人,克洛弗描述了他如何错误地解读了从英国上司那里得到的信息,以致几乎失去了工作:

在德国,我们通常在抱怨或批评时使用强烈的词语,以确保清楚、诚实地传达信息。我们假设其他人也会这么做。我的英国上司在某次一对一谈话中说"建议你考虑一下",所以我接受了他的建议:我考虑了一下,决定不那么做。我一点也不知道他要表达的意思其实是"马上改变你的行为,要不然……"。当老板把我叫到办公室严厉指责我不听话时,我感到非常震惊。

自此之后,我明白在听英国伙伴们说话时,我需要忽略所有包围在信息外的软性词汇,只分析信息本身,就好像它未加工过一样。另一个教训是考虑我的英国员工可能会怎样解读我的信息。我一直在用直接的方式来传达信息,没有加上任何软性的词语。我现在意识到,当我以德国的方式给出反馈时,可能未加思考地用了一些尽可能强烈的词语。从我还是个孩子的时候,我就伴随着这种直接的负面反馈长大。

现在,克洛弗做出了一系列努力,在对英国同事进行负面反馈时,他对信息进行软化处理:

我试着用一些稍微正面的评论和欣赏的话语打开话题,然后,我用"一些小小的建议"轻松地进入了反馈阶段。在我提出反馈时,我加进了"小小的"或"可能的"这样的词。最后我总结说,"这只是我的观点,不知会有什么价值"以及"你可以接受,或者不用理会",反馈圆满结束。

从德国人的角度来看,这种煞费苦心的装模作样非常滑稽。如果可以直接说"真是不要脸透了",我会感觉自在很多。但软化处理确实达到了我想要的效果!

评价量表(图 2-2)使我们可以看到不同文化背景的人给予负面反馈的直接程度。你可以看到,大多数欧洲国家都落到了量表的直接负反馈一侧,俄罗斯人、荷兰人和德国人尤其倾向于提供坦率的批评。

俄罗斯	法国	意大利	美国 英国	巴西	印度	沙特阿拉伯	日本
以色列	德国	挪威	澳大利亚	加拿大	墨西哥	中国	韩国	泰国
荷兰	丹麦	西班牙		阿根廷	肯尼亚	加纳	印度尼西亚

直接负反馈 ←—————————————————————————→ 间接负反馈

图 2-2

直接负反馈：给予他人的负面反馈是坦率的、直白的、诚实的。负面反馈的信息是独立的，而不被正面的信息所软化。当进行批评时，经常使用绝对化的描述（如"完全不恰当""完全不专业"）。可能会当着很多人的面对一个人进行批评。

间接负反馈：给予他人的负面反馈是温和的、微妙的、委婉的。正面信息被用来包装负面信息。当进行批评时，经常使用限定性的描述（如"有点不恰当""稍显不专业"）。只在私下里进行批评。

美国处于量表中间的位置，附近是英国。与美国人相比，英国人倾向于间接负反馈。拉丁美洲和南美洲落到中间偏右的位置，阿根廷是这一群体中最直接的国家。大多数亚洲国家都落在量表更靠右一些的位置。印度人是批评人最直接的，泰国人、柬埔寨人（原文如此。编者）、印度尼西亚人和日本人则是最不直接的。

在你观察量表的时候，你别忘了文化相对性。例如，中国人在评价量表上处于右侧的位置，但是中国人比日本人更直接，日本人可能会因为直率的反馈而触怒他人。位于量表左侧和中间的欧洲大陆国家的人经常体会到美国人是相当间接的，而拉丁美洲人则认为美国人的批评风格是直率而野蛮的。

也请注意，有几个国家在评价量表上的位置不同于他们在沟通量表上的位置。出于这个原因，你可能会惊讶于我们对某些国家的刻板印象和它们在评价量表上的位置之间的差别。原因在于，对人们说话方式直接的刻板印象通常反映的是在沟通量表上的位置，而不是在评价量表上的位置。因此，尽管法国人、西班牙人和俄罗斯人会更直接地给予负面反馈，但他们使用高语境、含蓄的沟通方式，所以他们通常被定性为间接交流者。大多数人认为美国人的沟通方式是直接的，然而，在美国人给出负面反馈时，他还没有很多欧洲国家的人那么直接。

在评价量表的直接一侧，有一个高语境的国家是以色列，那里的人可以使用丰富的潜台词来讲话，却使用最直接的方式给出负面反馈。有一次，我为世界医学协会开了一个培训班，里面有很多以色列医生和一群来自新加坡的医生。一位来自新加坡的50多岁已婚妇女看到以色列在评价量表最左边的位置时大声抗议："我不明白以色列怎么会处于如此直接的位置！我们在这里和以色列朋友一起待了整整一周，他们都是善良和蔼的人！"从新加坡人的角度来看，善良与委婉是密切相关的，而非常直接与不友善相关。

作为回应，一名以色列医生宣称："我没看到这两者有什么关系。诚实和直接是一种伟大的美德。这个位置是正确的，我对此感到非常自豪。"以色列是几个同样重视高语境交流和直接负面反馈的国家之一。

将沟通量表与评价量表进行匹配，我们得出了四个象限，如图2-3所示：低语境和直接负反馈；低语境和间接负反馈；高语境和直接负反馈；高语境和间接负反馈。特定的文化背景都可以在某个象限里找到，并有不同的策略有效地应对来自这些文化背景中的人。

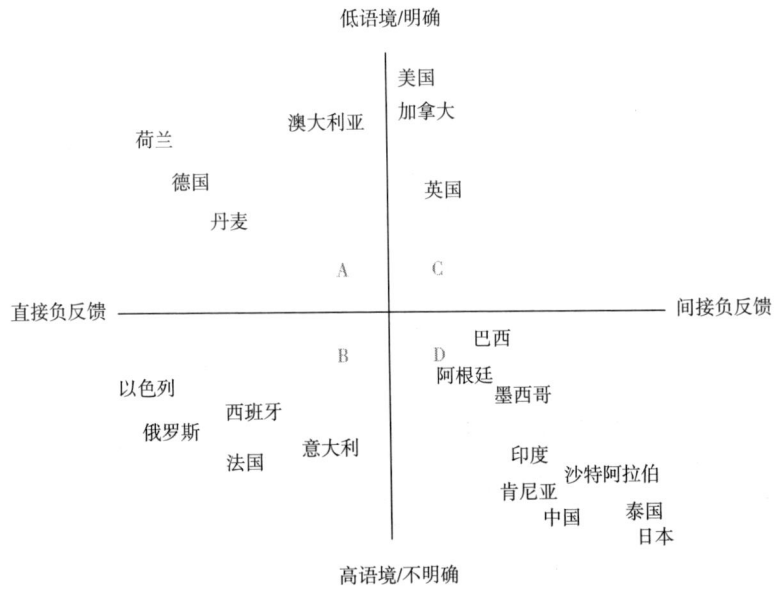

图 2–3

── 低语境和直接负反馈 ──

无论被认为是直率、粗鲁、无礼,还是诚实、透明、坦率,这些文化都被世界上其他国家的人看作是直接的。这个象限的文化(图 2–3 中的象限 A)重视低语境、明确的交流以及直接的负反馈。这两种文化的天然一致性使得这一象限的人很容易被解码。你可以从字面上理解他们发出的任何信息,并清楚这不是有意冒犯,而是诚实、透明和尊重你自身专业精神的表现。

我们已经谈到过威廉和马尔腾,他们来自荷兰,荷兰是一个实实在在的 A 象限文化系统的国家。威廉觉得马尔腾明确和直接的负面反馈不仅是合适的，而且是一份真正的礼物。如果威廉和马尔腾是你的同事呢？你怎样回应他们直接的批评才恰当呢？

与比你表达负反馈更直接的人相处时的一个准则是，不要试图像他们那样去表达，即使对方的国家处于评价量表上最直接一侧的位置，这仍有可能显得太过直接。如果你不理解荷兰文化中那些微妙的规则，无法将适当的直率和冷酷无情区分开来，那么就让来自该文化的人来说直接的话吧。如果你试着像他们那样去表达，你就会有犯错的风险，可能会树起意想不到的敌人。

在和一位在荷兰工作了六年的韩国经理康永洙共事时，我目睹了这种错误。康 40 多岁，是一个友好安静的人，平时笑容灿烂，我们经常听到他温柔的笑声。但康的同事们向我抱怨说，康攻击性强，还易怒，以至于他们几乎无法与康合作。我想知道其中的原因，直到康自己解释了他的情况：

荷兰人偏向于直接负反馈，而我们韩国人不喜欢给予直接负反馈。所以在我第一次来到荷兰时，荷兰人粗鲁和嚣张的批评让我感到震惊。当他们不喜欢某事时，他们会直截了当地当面告诉你。我跟另一个在荷兰待了一段时间的韩国朋友谈过，他告诉我，处理这件事的唯一方法就是马上回击他们。现在我试着对他们直言不讳，就像他们对我一样。

不幸的是，由于不了解什么是适当的、什么是不适当的，康完全不得要领。他破坏了同事关系，还留下了易怒的名声，变成了一个挑衅者。

所以，不要犯和康一样的错误。当你与来自象限 A 的同事一起工作时，以积极的心态接受他们的直接批评，这并不意味着冒犯。但不要冒风险模仿他们说话的风格。偶尔一个小小的升级词，不至于使自己偏向攻击性与不合时宜的一面，这是你所能冒的全部风险。

——高语境和直接负反馈——

象限 B 是那些令人费解的复杂文化系统国家，他们的人精通表达和理解言外之意，但会给出尖锐和直接的负面反馈。例如，俄罗斯人经常在字面意思中夹杂其他信息，但是当给出批评时，他们的直率会让国际同行感到震惊。

我第一次去俄罗斯旅行时，一个俄罗斯朋友给了我一本她称为《俄罗斯手册》[2] 的小书。在飞行期间，我翻阅了这本书一遍，看到了一些很有趣的内容：

如果你走在街上没穿夹克衫，俄罗斯小老太太会停下来指责你可怜的判断力……在俄罗斯，你可以公开表达负面批评，无须沉默寡言。例如，如果你对商店或餐馆的服务不满意，你可以明白地告诉店员或服务员，你对他、他的亲戚、他的习惯以及他的性别的意见。

几周来，我都在思考这些观点，直到接到一位英国同事珊迪·卡尔森的电话。她向我解释说，一位名叫安娜·格罗芙的年轻俄罗斯女士最近加入了她的团队，令许多人感到不安，她需要同事的帮助来完成自己的工作。"我打电话给你，艾琳。"她说，"因为我想知道这个问题是否可能是文化问题。这是我们的团队中进来的第四位俄罗斯协调员,对前面的三位,我们都听到过类似的抱怨,如严厉地批评别人,或者他们说话时不替别人考虑。"

几天后,我目睹了问题的发生。一天早上我准备上课时,格罗芙和我一起布置教室。我翻阅着成堆的文件,数着页数以确保我们复印了足够的讲义,而格罗芙则在仔细检查不能正常工作的令我们头痛的IT设备。我很感激她这么有耐心地处理这个问题,让我不必介入。她在工作时轻轻地哼唱的样子也令我格外放松。

但接着我就听到格罗芙给IT部门的人打电话。"这周我给你们IT部门打了三次电话,每次你们都过来得很慢,解决方案也管不了多长时间的用。"她抱怨道,"你给的解决方案是我完全不能接受的。"格罗芙继续斥责IT经理,每句话都比前一句更严厉。我屏住呼吸——她是不是要告诉IT经理她感觉受到了性别歧视?谢天谢地,她没有。

后来,卡尔森问我,作为驻场的跨文化专家,在她和格罗芙讨论这个问题时,我是否愿意陪同。我并不乐意接受这个请求,我当然不希望让格罗芙知道她的新同事在背后说她些什么。但在卡尔森的坚持下,我同意了。

我们在办公室见面,卡尔森试图解释格罗芙在整个公司里不知不觉中获得的名声,并引述了一些具体的投诉,不仅包括IT部门人员,还有复印人员等。格罗芙不安地在椅子上扭动,卡尔森解释说她怀疑这个问题是文化问题。

起初,格罗芙并没有真正理解整个反馈。她抗议道:"我们俄罗斯人在交际方面是非常敏感的。我们说话时使用讽刺方式和潜台词,而你们英国人和美国人说话都很直接。"

"是的。"我插嘴说,"但如果一个俄罗斯人要给出负面反馈,那么对来自其他文化背景的人来说,这种反馈似乎常常被认为是严厉的或者是直接的。这有道理吗?"

"是的,嗯……当然,这取决于我们和谁说话。有一点,俄罗斯的文化传统是一个等级制的文化系统。如果你是一个和下属说话的老板,你说话可能会非常直率。如果你是一个和老板谈话的下属,你最好有策略地表达批评。"卡尔森笑了,也许她意识到为什么自己从来没有亲身经历过格罗芙的坦率。

格罗芙接着说:

如果我们和陌生人说话,我们经常说得很直接。这是真的。这些IT部门的同事,我不认识他们,电话的另一端是陌生人的声音。在俄罗斯,陌生人就是敌人。我们不知道我们能信任谁,谁会把我们交给当局,谁会背叛我们。所以我们与陌生人保持距离。也许我没有意识到,我过多地把俄罗斯文化融入工作中了。

我注意到格罗芙开始有点笑容了。"我们对身边的人也很直接。"她在沉思中承认道,"在这里,我的英国朋友抱怨我的观点表达得如此强烈,而我却并不知道他们的真实感受。我总是说'但是你觉得怎么样?'而他们总是回应'你为什么总是评判一切!'"

"现在我意识到了这一点。"格罗芙总结道,"在我表达不满时,我会更加小心。"

法国有句谚语:"知道自己得了什么病,就治好了一半。"这句话解决了大多数跨文化企业的困扰。通过团队意识提高合作有效性还有很长的路要走，但只要自身建立意识，那就已经迈出了走向成功的第一步。现在卡尔森意识到了文化差异影响了工作，她可以跟格罗芙和她的团队讨论这个问题，格罗芙可以采取措施减少直接批评，用降级词替换掉一些升级词。在评价维度上，几个简单的词汇就可以产生很不同的效果。

——低语境和间接负反馈——

结合极度低语境的交流方式和中度、间接的负面反馈表达方式，美国人的评价风格（图2–3中的象限C）是如此具体、独特，并且常常令其他国家的人感到困惑，值得单独写几段。

一种明确的、低语境的交流方式给美国人带来了说话直接的名声。由美国人去指出大家都知道的问题，而其他人正在很友好地处理着人际关系，这压根没人留意到。这意味着，在象限A和象限B中的人经常惊讶地发现，美国人用积极的信息软化消极的批评。移居法国之前，我在美国长大，受过美国的教育并在美国工作。我相信，对每一件负面的事情都给予三点肯定，用明确的赞赏话语开始反馈环节，再讨论需要改进的事情，是给予负面反馈普遍有效的技能。如果这种方法在美国很管用，那么在法国、巴西、中国以及其他国家也应该有效果。

但在欧洲生活了一段时间后，我学会从一个完全不同的角度看待这种风格。对于法国人、西班牙人、俄罗斯人、荷兰人和德国人来说，美国人给予间接负反馈的方式是错误和令人困惑的。我们在本章开头说到的威廉，经常和美国人一起工作，他告诉我：

对荷兰人来说，这一切都是废话。所有这些积极的反馈只会让我们觉得虚伪，我们甚至不会感受到一点点激励。昨天在一个美国团队的电话会议上，组织者开始说："今天早上和你们在一起我真的很激动。"只有美国人才会这样开始一个会议。让我们面对现实吧，房间里的每个人都知道她不是真正的激动。彩票中奖是激动的——没错；得知你赢得了加勒比海的自由之旅是激动的——没错；成为一个电话会议的领导者而激动不已——非常可疑。

当我的美国同事用他们所有的"优秀""伟大"这类词进行交流时，我们会觉得他们夸大其词，因而我认为他们这样做有失身份。我们是成年人，来这里是做我们的工作并且要做好工作。我们不需要同事来当啦啦队队长。

威廉的同事马尔腾补充说：

问题是，我们无法判断什么时候，一个反馈应该被我们认定为优秀的、行的或真的很差。对于荷兰人来说，"极好"一词应当留给非常罕见的场景；"行的"就是……一般般。但是对于美国人来说，方式是不同的："优秀"什么时候都用；"行的"似乎意味着"不大行"；"好"只是一个温和的恭维。你几乎可以假设，如果一个美国人传递坏消息给一个荷兰人，这个消息的真正意义将完全丧失。

同样的差异体现在孩子们在学校所受到的对待方式上。我的孩子在法国学校上学，暑假参加了明尼阿波利斯地区的美式学习项目。在美国，八岁的儿子伊森拿回他的家庭作业，上面标着金色的星星，和一些诸如"保持下去""做得真棒"的评语，最差的也是"就差一点了……再试一次"。但是在杜兰夫人的课上学习，则需要让脸皮变得更厚些。在最近的周一拼写晨测之后，伊森的笔记本上凄惨地被红杠杠和硕大的×覆盖，连同杜兰夫人简单的三句话："八处错误。没掌握技巧。要专心致志！"

这深深地伤害了来自明尼苏达的妈妈。"努力值得表扬""不要放弃"或者"下次你会做好"不好吗？我应该指出，杜兰夫人在伊森学校里以最温和著称，也就是说，她是最不严厉的老师了。

起初，我担心伊森可能会厌恶学校，讨厌他的老师，气馁或者不再努力。但让他的美国母亲吃惊的是，他开始理解法国常有的负面反馈。这种严厉的评论让他觉得是例行公事，而一次罕见的"TB"（非常好），会给他年轻的心灵留下积极的印象。

然而，适应象限C的负反馈方式对于来自其他文化背景的人来说是相当具有挑战性的。法国女士萨宾娜·杜兰克回忆起一段她搬到芝加哥后不久的经历：

我和一群美国同事参加了一个委员会，这个委员会正在组织一个大型会议，向客户推销我们的系列新产品。这次会议就像一场灾难。那天早上发生了一场可怕的暴风雨，这意味着出勤率很低，同时，主讲人令人厌烦，食物也糟透了。

委员会随后开会听取会议情况的汇报。每个人都知道大会灾难性地失败了，但是当团队领导者征求反馈意见时，每个委员会成员都以提到会议的一些优点来开始：展位组织得很好，去餐馆的大巴车很准时……然后才提到会议出现的问题。我惊呆了。实际上我不得不看着同事们一个接一个地详细介绍一些正面的例子，来描述一个如此明显失败的会议。

当轮到我发表意见的时候，我无论如何也不能接受，于是单刀直入。"这是一个失望接着另一个失望的会议。"我开始说，"主旨演讲毫不鼓舞人心，食物几乎难以下咽，分组会议令人乏味……"但是，我说话的时候，我看到周围的美国人全盯着我，目瞪口呆。我很好奇，我脸上有什么东西吗？

处于杜兰克位置的人可以遵循一些简单的策略，以便更有效地与来自象限C的人（即美国人、英国人和加拿大人）共事。

首先，在进行评价时，要使用低语境语言，既要有正反馈，又要有负反馈。在你明确地表达对人或情况的欣赏之前，不要先进入负反馈部分。正面的评论应该是诚实的，并以详细明确的方式陈述。

我向杜兰克提出这个建议时，她的第一反应是觉得我在要她撒谎。"如果我认为这次会议完完全全是一场灾难，不说出我的想法是不是不诚实？"

但我对她强调说："难道对于这次大会，你就没有任何诚实和积极的方面可以谈吗？"杜兰克考虑了这个问题后，得出了几个想法。在我解释了美国人在表达反馈方式方面的不同之后，杜兰克明白了她需要做出什么样的调整：

如果我再遇到这种情况，可能会先谈谈我们从活动中学到了哪些可以让下次活动不同寻常的地方。我也许还会提到给我留下深刻印象的事，多亏一贯坚强和勤奋的马里昂领导的后勤人员，没有出现混乱。下次再谈到灾难部分时，我可能会使用降级词。"这有一点糟糕"可能会比"彻底的灾难"更好。

其次，试着随着时间的推移，让你所给予的正面和负面反馈的分量保持平衡。例如，如果星期一你注意到你的同事做了积极的事情，那么就当场表达明确的、公开的欣赏。这样一来，星期二，当你发送文件给客户之前需要严厉地批评这位同事令人失望的议案时，你的评论才更有可能被听取和考虑，而不会遭到拒绝。

最后，从文化角度来界定你的行为。与同事讨论一下文化差异，以此来解释你的沟通风格。可能的话，对其他文化表示赞赏，同时也谦虚地嘲笑一下自己的文化。处在杜兰克位置的某些人可能会说："在美国，你们是如此善于公开地欣赏对方，但在法国，我们没有说出积极反馈的习惯。我们可能会心里赞赏，但我们没有说出来的习惯！"

对那些经常和杜兰克一起工作的人，杜兰克向他们解释了她天然的反馈风格："当我说'行'时，你应该听成'很好'；当我说'好'时，你应该听成'非常好'。"

这样的讨论让大家建立了共识，并且可能引发关于文化误解的有益讨论。

——高语境和间接负反馈——

对来自图 2-3 所示象限 D 文化的人来说，负反馈通常是温和的、微妙的和含蓄的。话说得太快了，你可能完全错过了负面信息。在美国文化中，你可能会借玩笑的掩护或以友好的方式公开地给出负面反馈，而在象限 D 的文化中，这也是无法接受的。任何负面反馈都应该在私下进行，不管反馈以多少幽默或善意玩笑包装。

查理·哈默是一位在墨西哥生活和工作的纺织行业的美国经理人,他提供了这样的例子:

我的一个墨西哥雇员向我递交辞呈时,我真的很吃惊。我在一次会议上给了他一些负面的反馈,但我用的是一种听起来几乎是笑话的方式。房间里的气氛很轻松,在做出反馈后,我很快就继续说其他内容了。我觉得没什么大不了的,一切都很好。但显然这对他来说是件大事。我后来从一个团队成员那里得知,在团队面前给出的这些反馈严重侮辱了他。他感到羞辱,担心自己会被解雇,所以决定先辞职。我感到非常惊讶。

正如这种情况所表明的那样,给予处于象限 D 文化的人负面反馈的第一个简单策略是:不要在群体面前给出个人反馈。即使你使用了很多温和的、舒适的降级词,或者依靠笑话来活跃气氛,这个规则也适用。它也适用于正反馈。在许多不像美国那么个人主义的国家中,当着别人的面被挑出来赞美,可能也会令人尴尬。正确的做法是,把你对个人的反馈给予个人,对团队的反馈给予团队。

第二个策略是使用有力的工具,给予来自象限 D 的——特别是亚洲文化的——人反馈时,使用模糊信息。大多数西方人不喜欢把信息弄得模糊不清,我们喜欢信息简短、清晰,尤其要真实。但是,正如我在职业生涯早期发现的那样,如果使用得当,富于技巧,那么使用模糊信息的方法在许多亚洲文化中将非常有效。

我曾有一年时间在一家国际培训公司当顾问。我的一个项目是为总部设在瑞士的大型跨国食品公司雀巢定制国际领导力课程。我和布迪共同教授了课程。布迪是一位印度尼西亚顾问,在公司工作了几十年,与创始人关系密切。他以技术高超而闻名,但在过去的几年里,他的授课表现急剧下降,这让每个人都很烦恼。

我要补充一点,布迪在公司是有政治意义的。作为与组织关系非常紧密的人,如果他喜欢你,就可以帮你打开很多渠道,而且过去他的确为他喜欢的许多同事做过这样的事。

考虑到这些情况,当雀巢的联系人给我非常明确的反馈,由于评分等级平庸,他们想要取消布迪的两次教授课程时,我退缩了。

那天晚上回到家,我很纠结。一旦布迪知道我将用一位资历比他浅的顾问替他主持两节课时,他可能会很受伤,很尴尬。使本来就很困难的情况复杂化的是,布迪来自世界上文化最间接的国家之一,在那里给年长和有经验的人提供负面反馈相当困难和痛苦。那天晚上我没睡好。

第二天上午,在焦虑中,我约了一位长期在印度尼西亚工作的同事兼朋友艾尼共进午餐,向她请教。谢天谢地,她向我介绍了一些使用模糊信息的策略。

第一个策略:慢慢地给出反馈,过一段时间,落实这个反馈。"在西方,"艾尼说,"你知道应该当时、当场给出反馈。在大多数亚洲国家,最好是逐步地给出反馈。这并不意味着你需要一次又一次地、定期推出直接的信息。相反,它意味着你应轻轻地提及需要做出的改变,逐步建立关于不同做法的清晰画面。"

在艾尼的指导下,我给布迪写了一封电子邮件,暗示了我需要在未来几个月内根据参与者的反馈重新设计课程,而这将对他的课程产生影响。我提到需要更多地关注话题X,这意味着我们讨论话题Y

的时间将更少。布迪回答得很友好，说他这个月末到巴黎的时候会很乐意和我讨论一下。

在他访问巴黎前一周，布迪和我通过电话交谈，我提到我将发送最新的客户反馈给他，以便他能在我们会见之前看到。我表示，该项目将完全重新修订，我还将邀请年轻同事参与一些课程。布迪一点一点地开始明白了某种情形。

这引出了艾尼的第二个策略：用食物和饮料来模糊一个不愉快的信息。艾尼告诉我："如果我必须对我的员工提出批评，我不会把他们叫进我的办公室。如果我这样做了，我知道他们会用所有的感官来倾听我的信息——我所提供的任何信息都会在他们的头脑中极度放大。相反，我会邀请他们出去吃午饭。一旦我们放松下来，这就是一个反馈的好时机。我们不会在第二天或下周再提及此事，但反馈已经传达，接收信息者能够及时付诸行动而不会感到羞辱或破坏彼此之间的和谐。在日本、泰国、韩国、中国或印度尼西亚，同样的策略也适用。"

这是一个容易使用的规则。我告诉布迪，他到达巴黎时，我很想和他一起去香榭丽舍大街附近我最喜欢的新餐馆吃午餐，我知道他会喜欢吃墨鱼汁意粉。

艾尼的第三个也是最后一个策略开始时让我困惑不解。她要求我：说好话，不说坏话。艾尼是在暗示我根本不用说出来也可以传递负面信息吗？通过心灵感应？

艾尼用一个例子来解释：

不久前，一位印度尼西亚同事送来四份文件让我审阅。最后两份文件他一定是匆匆忙忙地完成的，因为它们与前两份文件相比非常草率。当他打电话问我的反馈时，我告诉他前两份文件很好。我只集中说这两份文件，概括出为什么它们效果如此之好。我不需要提及那些草率的文件，这对我们两个人来说都是不舒服的。他清楚地明白了这一点，我甚至不需要说出消极的方面。

我理解了这个概念，虽然对我这个来自美国明尼苏达州双港市的人来说，它执行起来并不容易。

第二个星期，我在意大利的小酒馆见到了布迪。有45分钟时间我们沉浸于美味的餐前小吃洋蓟心和番茄干。真相时刻就要到来了。"说好话，不说坏话。"我提醒自己，并温和地进入主题。我的心跳比平常稍微快了一点。

"布迪，"我开始说，"你的第一课非常受欢迎。虽然我正在重新设计这个课程，但我绝对不想动这个部分。事实上，我想以你的第一课为基础，在星期二上午的课上和我们的小同事一起工作。"

布迪回答说："听起来不错，艾琳！我更喜欢在较短的演讲时间里发挥更大的效果。如果这对课程有用，那对我也好。"

哈利路亚！没有一点不舒服！我成功地传递了信息，竟未明确地提出批评。谢谢你，艾尼！

这是关于如何与来自象限D文化的人共事的最后忠告。虽然间接反馈是常态，但是老板完全有可能在适当的范围内给员工严厉的负面反馈。在这些情况下，强烈的等级倾向胜过了间接反馈模式。因此，韩国老板公开申斥员工，或者印度老板对员工大声指责，让几乎所有的欧洲人或美国人都感到震惊并沉默以对，这已经不是闻所未闻的事情了。

但是作为外国人的你，不应该尝试这种方式。为达目的，不管你是邮递员、经理，还是公司的所有者，都应该坚持模糊策略，那些直来直去的负向反馈就留给别人吧。

——礼貌意味着什么？——

我们之前提到的荷兰经理马尔腾曾经向我解释说："在荷兰，我们会非常直接地给出反馈，但我们总是很礼貌地给出。"我喜欢这个评论，因为荷兰人的反馈确实可以兼具残忍的率直和讨喜的礼貌——但是仅限于接收反馈的人是荷兰人。如果你碰巧来自世界上其他大约195个国家之一，即使你们文化中的负面反馈稍稍不如荷兰那么直接，你也可能会觉得马尔腾所谓的"礼貌"是对人彻头彻尾的侮辱、冒犯。

在旁观者眼里，即使在最好的时候，给出反馈——尤其是负面反馈，也是一件敏感的事情。如果收到反馈的人觉得你对他或她讲话粗鲁无礼，情况可能会更糟。然而，究竟什么是粗鲁，每个国家的标准也大不一样。

老练的跨国企业管理者学会了如何适应——改变他的行为，练习谦卑，在说话之前探探风头，向对方表达善意，并投入时间和精力去建立良好的关系。在阿姆斯特丹、雅加达、莫斯科、布宜诺斯艾利斯、巴黎或明尼苏达双港市，只要有一点运气和技巧，你同样都能感受到礼貌。

3 为什么与怎么做：多元文化世界中的说服艺术

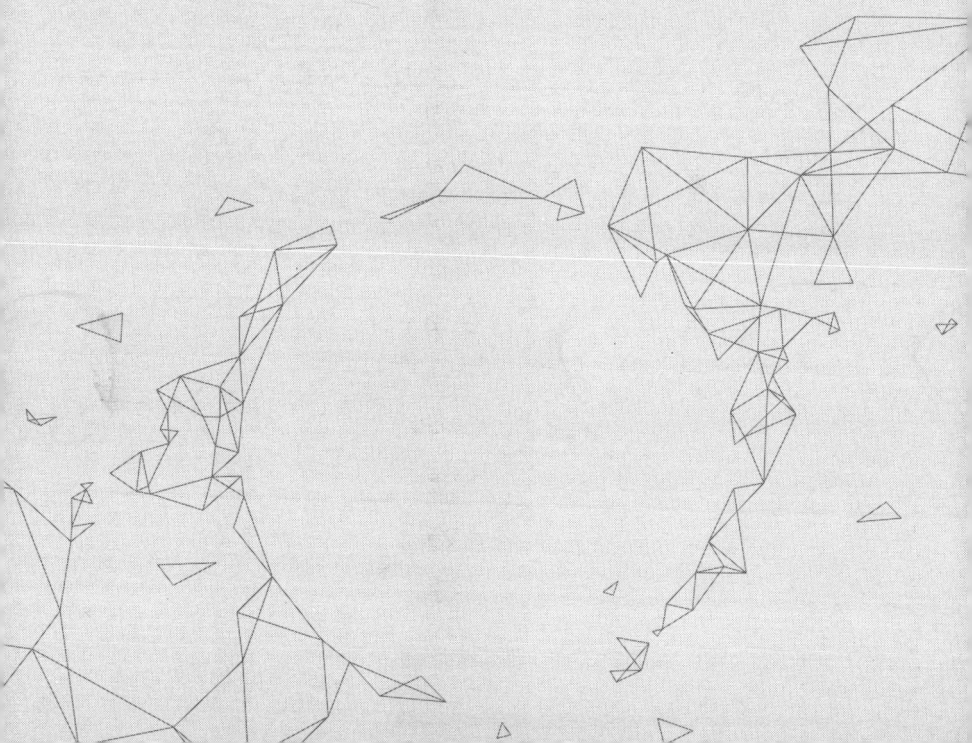

说服艺术是最重要的商业技能之一。

只有有能力说服别人支持你的想法，你才能得到所需要的支持，并把想法变成现实。大多数人都没有意识到的一点是，你试图说服他人的方式以及你觉得有说服力的论点，都深深植根于你所属文化体系的哲学、宗教和教育的假设与态度中。因此，说服的艺术远不是普通意义的艺术，而是一种以文化为基础的艺术。

这是从在一家德国汽车公司担任研究经理的美国工程师卡拉·威廉姆斯那里学到的惨痛教训。作为该领域的顶尖专家之一，威廉姆斯有着丰富的经验，善于提出建议并影响美国同事听从她的想法。但是，威廉姆斯在德国文化环境中工作时，她没有意识到，要想说服别人，需要采取不同的方法。"每当我回想起第一次向德国上司做汇报的情景时，我真希望自己理解了这种差异，并且没有被他们的反馈激怒。如果我冷静下来，也许能挽回局面。"

威廉姆斯在她的职业生涯中面临过很多挑战。在接手这家德国公司的工作之前，她在家乡波士顿为一家澳大利亚公司工作，经常去悉尼总部做展示和提建议。"我的很多工作都取决于我推销自己想法的能力。我影响我的客户，从而做出最佳选择。"她解释说，"我做我擅长的，但我讨厌不断地长途旅行。当一家德国汽车供应商为我提供了类似的职位时，我抓住了缩短旅行距离的机会。"

威廉姆斯的第一个项目是给该集团的一款"绿色"车型提供如何减少碳排放的技术建议。在参观了几家汽车厂，观察了那里的系统和流程，并会见了几十位专家和最终用户之后，威廉姆斯提出了一系列建议，她认为这符合公司的战略和预算目标。她前往慕尼黑，向决策者——一群德国总监做了一小时的展示。

"这是我第一次做内部展示，它的成功对我的声誉至关重要。"威廉姆斯回忆道。为了准备会议，威廉姆斯仔细地思考了如何做出最有说服力的陈述，练习论证过程，预料可能出现的问题并准备回答这些问题。

威廉姆斯在一个小礼堂里进行了展示，总监们坐在一排排软垫椅子上。她开始进入正题，解释她根据自己的发现提出的建议。但还没放完第一张幻灯片，一位总监就举手抗议道："你是怎么得出这些结论的？你给了我们建议，但我不明白你是怎么给出这些建议的。你采访了多少人？你问了什么问题？"

然后另一位主管插了进来："请解释一下你是使用什么方法来分析你的数据，以及它是如何让你得出这些结论的。"

"我大吃一惊。"威廉姆斯回忆说，"我向他们保证，我的提案背后的方法论是可靠的，但问题和挑战仍在继续。他们问的问题越多，我就越觉得他们是在攻击我的可信度，这让我感到困惑和恼火。我拥有一个工程学的博士学位，有大家公认的专业知识。我觉得他们拼命检验我的结论，真是缺乏对我的尊重。他们以为自己会比我更有判断力，这是多么傲慢啊！"

威廉姆斯的反应是防御性的，她的陈述从那一刻开始走下坡路。"现在我恨死自己了，让他们的做法破坏了我的观点。"她说，"不用说，他们没有同意我的提案，3个月的研究白费工夫。"

威廉姆斯撞到的绊脚石说明了一个严酷的事实，即我们说服别人的能力不仅取决于我们掌握的信息，还取决于我们如何立论以及所使用的说服技巧。

延斯·休伯特是威廉姆斯供职公司的德国总监。他在美国生活多年，在说服别人方面也遭遇过类似的失败，尽管文化上的脱节正好相反。休伯特回忆起他头几次试图在一群美国同事面前提出论点时遇到的问题。他仔细地开始展示，为其结论铺垫基础，设定参数，列出数据和方法，并解释了论证的前提。在美国老板告诉他"下次做展示时，你要直奔主题，否则在你说到重要部分之前，你就失去了大家的注意力"时，他大吃一惊。

休伯特不确定。"他们都是聪明人。"他想，"如果我没有从头开始认真地为他们构建起整个逻辑，他们怎么会接受我的观点呢？"

威廉姆斯和休伯特收到的相反反应，反映了德、美说服方式的文化差异。德国人所采取的方式基于一种具体化的推理。休伯特解释说：

在德国，我们要先试着理解理论概念，再使其适应实际情况。为了理解某事，我们要在得出结论之前分析所有概念性的数据。当来自美国或英国的同事向我们做展示时，我们没有意识到他们与我们的思维方式不同。因此，当他们以提出结论和建议作为开始，没有设置参数和说明他们如何得出这些结论时，我们会震惊。我们可能感到很受辱。他们认为我们愚蠢到什么东西都能接受吗？或者我们可能会质疑他们的决定是否经过深思熟虑。这种思想是基于我们根深蒂固的信念，即没有定义参数，就无法得出结论。

休伯特在美国的生活告诉他，美国人的做法截然不同。他们关注的是实践而不是理论，所以他们先从给出建议开始。不幸的是，当向思维方式正好相反的受众展示时，这种推理方式会适得其反——正如卡拉·威廉姆斯那样。

——两种推理方式：原则优先与应用优先——

原则优先推理（有时称为演绎推理）即从一般原则或概念中推导出结论或事实。例如，我们可以从"人人终有一死"这样的一般原则开始，然后转向一个更具体的例子："贾斯汀·比伯是人。"这让我们得出结论："贾斯汀·比伯终究会死。"同样，我们也可以从"所有铜制品都会导电"这个一般原则开始，然后发现祖母留给你的一尊小精灵的旧雕像是由100%铜制成的，我们可以得出结论："你祖母留下的雕像会导电。"在这两个例子中，我们从一般原理开始，然后从中得出一个实用的结论。

在应用优先推理（有时称为归纳推理）时，一般结论是根据来自真实世界的实际观察得出的。例如，如果你在1月和2月期间去明尼苏达州旅行一百次，并且每次都观察到温度远低于零摄氏度，你就会得出明尼苏达州的冬天很冷这个结论（冬天去明尼苏达州旅行除了需要围巾、羊毛帽、手套和暖耳罩之外，还需要暖和的外套）。在这个例子中，你观察来自真实世界的数据，并且基于这些经验观察，得出更广泛的结论。

大多数人都能够使用原则优先和应用优先两种推理。但是你习惯的推理模式很大程度上受你文化教育结构中所强调的思维方式影响。结果是，在你与那些习惯于其他推理模式的人一起工作时，你很快就会遇到问题。

以数学课为例。在使用应用优先方法的过程中，你首先要学习公式，再练习应用它。在看过这个公式如何一次又一次地得出正确的答案之后，你进一步理解了支撑它的概念或原理。这意味着你可能要花80%的时间专注于具体的工具以及如何应用它，花20%的时间考虑它的概念或理论解释。盎格鲁－撒克逊语国家的学校制度倾向于强调这种教学方法。

相比之下，在原则优先的数学课上，你首先要证明一般原理，再用它来开发一个具体的公式，然后应用于各种问题。正如一位法国经理曾经告诉我的那样："在将 pi 用于公式之前，我们必须计算 pi 的值。"在这种数学课上，你可能要花费 80% 的时间来研究支撑一般数学原理的概念或理论，而花费 20% 的时间把这些原理应用到具体问题上。欧洲拉丁国家（法国、意大利、西班牙、葡萄牙）、日耳曼国家（德国、奥地利）和拉丁美洲国家（墨西哥、巴西、阿根廷）的学校系统倾向于强调这种教学方法。

我在美国高中学习俄语时，充分感受到了应用优先的力量。在上学的第一天，我们走进塔拉索夫先生的课堂，他立刻用俄语向我们提问，我们一点也不明白。但渐渐地，我们开始理解了。在几节课之后，我们开始说话，用任何可能的方式把单词拼在一起。然后，在塔拉索夫先生的指导下，我们开始使用自己并不理解的句子来建立一个概念性的语法框架。

相比之下，在原则优先的语言课堂上，你首先要理解构成语言结构的语法规则。一旦你对语法和词汇有了初步的掌握，就可以开始练习使用这种语言。这是我丈夫在法国学校学习英语的方式。具有讽刺意味的是，他的英语语法知识远远优于许多美国人。这种学习方式的缺点是学生练习语言的时间比较少，这意味着他们写得比说得好。

在商界就像在学校一样，来自原则优先文化背景的人通常希望在采取行动之前理解老板的要求背后的原因。同样，应用优先的学习者往往较少关注为什么，而更多地关心怎么做。法国雇员和美国老板之间最常见的挫折之一是，美国人告诉他们该怎么做，而不解释他们为什么要这么做。从法国人的角度来看，这可能会让人有挫败感，甚至觉得不被尊重。相比之下，美国老板可能觉得法国员工不合作，因为他们没有迅速行动，反而总是问"为什么"，在得到合适的答复之前，他们不准备行动。

——说服量表上国家的位置——

总体来说，像美国、英国、澳大利亚、加拿大和新西兰（原文如此。编者）这样的盎格鲁－撒克逊文化背景的国家在说服量表上倾向于落在右侧（参见图3–1），应用优先的国家群聚于此。当我们穿过量表时，看到有一个北欧的集群，在那里我们发现了斯堪的纳维亚国家和荷兰。拉丁美洲国家和日耳曼国家与美国相比，更多的是在原则优先一侧，它们处于量表的中间位置。法国、俄罗斯和比利时处于量表的原则优先一侧。

和往常一样，要记住文化的相对性。研究一个文化系统落在量表上的位置，不如研究两个文化系统的相对位置重要。英国在说服量表上向应用优先的末端倾斜得很远，默克制药公司的埃及经理亚瑟·陶菲克针对这一点，谈到了他在英国和美国留学的经历：

在英国，学习的都是关于概念的。只有经过理论方面的努力，我们才能开始实际应用。而在美国恰恰相反。甚至在我参加一个课程之前，作为预习我已经做了一个案例研究——一个实际应用的例子。在课堂上，一切都是关于3L领导力或6C客户满意度的内容。从一开始，我们就沉浸在实际的解决方案和如何应用解决方案的例子中。

意大利	俄罗斯	德国	阿根廷		瑞典	荷兰		澳大利亚	
法国	西班牙		巴西	墨西哥	丹麦		英国	加拿大	美国

←────────────────────────────────→
原则优先　　　　　　　　　　　　　　　　　　应用优先

图 3-1

应用优先：个人已被训练得先陈述事实、意见或进行说明，后添加一些必要的概念来支持或解释其结论。信息或报告偏好以行动纲领或要点列项来开篇。讨论也以务实、具体的风格进行。在商业环境中尽可能避免理论或哲学讨论。

原则优先：个人已被训练得在提出事实、意见或进行说明之前，先形成理论或复杂的概念。首先通过信息或报告偏好以构建一个理论性的逻辑论证，继而得出结论。每种情况下作为基础的概念或原则都是值得重视的。

与其他欧洲文化系统相比，英国是应用优先的文化系统。但是，当英国与美国对照时，英国则是强有力的原则优先的文化系统——这是文化相对性有力地影响观念的生动例证。

你可能想知道亚洲文化落在说服量表的什么位置，因为它没有出现在图表中。事实上，亚洲文化和欧洲文化是如此的不同，以至于需要一种完全不同的参照物来发挥作用，与说服量表无关。（我们将在本章后面讨论亚洲的独特视角）

——当哲学与商业相遇——

不同文化有着不同的学习体系，部分原因是哲学家影响了学习知识的一般方法，特别是在科学领域。尽管古希腊的亚里士多德被认为阐述了应用优先的思想（归纳法），但一些英国思想家，包括13世纪的罗杰·培根和16世纪的弗朗西斯·培根，却在现代学者和科学家中推广了方法论。后来，美国人因他们的先锋精神和对理论学习的厌恶而在应用优先方面比英国人走得更远。

相比之下，欧洲大陆的哲学在很大程度上是由原则优先的方法驱动的。在17世纪，法国人勒内·笛卡尔阐明了原则优先的推理，科学家首先提出假设，然后寻找证据来证明或证伪。笛卡尔对纯粹基于观察的数据深表怀疑，并寻求对基本原理的深层理解。在19世纪，德国的弗里德里希·黑格尔引入的演绎辩证模型在拉丁国家和日耳曼国家的学校里占据了统治地位。黑格尔辩证法始于一个论点或基础的论证，由一个对立的论点或矛盾的论证来进行反论，然后两者在一个综合中达成协调。

在不同社会的法律体系中也可以找到应用优先和原则优先推理方式的明确例子。英美法系以普通法为基础，一个案件的判决为将来的案件开创了先例——一个典型的应用优先的思考方式。

相比之下，大多数欧盟国家采用起源于罗马法和《拿破仑法典》的大陆法系，其中一般法令或法则在一个又一个案件上使用，这反映了原则优先的思考方式。有趣的是，斯堪的纳维亚国家使用混合法律体系，它们并没有整齐地完全归属于任何一个阵营。注意北欧国家处于说服量表上的中间位置。

正如我们所看到的,不同国家分析现实世界的方式取决于其哲学根源。反过来,这些模式框定了我们在学校学习的方式以及我们长大成人后的工作方式。这是法国人斯蒂凡·巴伦意识到的,他发现对自己很有说服力的文章对他的英国同事没有实际说服效果。巴伦毕业于著名理工大学的工程学院,现在在一家大型法国工业公司工作,上升得很快。他曾在法国克莱蒙费朗为米其林工作,作为全球团队的一部分,而其他成员主要分布在英国。巴伦回忆道:

英国同事们不怎么看我的电子邮件,尤其是最重要的那些,我生气了。我很喜欢我的英国同事,我们面对面时,我们之间的关系很棒。但有很多迹象表明,我发电子邮件给团队,而他们根本就没有读。我知道英国人本身就热衷于写电子邮件,所以我不认为这事可能跟文化有关。

例如,巴伦回忆到,他精心编写了一封具有说服力的电子邮件,提议对公司流程进行一些关键的改变。他的信息结构看起来是这样的:

第1段:介绍了主题。

第2段:建立了自己的观点,诉诸队友逻辑意识,并提出一般原则。

第3段:阐述观点中最明显的潜在忧虑点。

第4段:解释结论,并寻求队友的支持。

巴伦在世界最为原则优先的文化系统中受到过良好的教育,他本能地遵循了法国学校系统中精心教授的逻辑方法。请注意他的第2、第3、第4段是如何整齐地呈现了他对主题经过深思熟虑后形成的论点、反论点和综合论点的。

然而，仔细思考就会发现，巴伦的英国同事没有读完这封电子邮件的原因其实很明显。英国同事从小就接受应用优先的教育，只有快速抓住了重点才能深入下去，他们读完了第一段，看到前面没有明确的要点，就把电子邮件移到"将来某个不确定的日子再读"的文件夹中了。

如果卡拉·威廉姆斯和斯蒂凡·巴伦能更好地理解应用优先和原则优先的文化倾向，那么他们每个人都有可能很好地转换思路，从而使自己更有说服力。

如果威廉姆斯意识到她是在向原则优先的德国听众做展示，也许她会首先介绍她研究的参数，并解释选择这个特定的研究方法的原因。在介绍结论和建议之前，她可能会引入具体的数据来展示她的推理。她不需要花30分钟来建立自己的论点，在讨论结果之前，花上5分钟来描述她的方法可能会引发较多认同。此外，如果威廉姆斯认识到反论——对立观点在演绎过程中的关键作用，她可能还会迎来听众的挑战，这是一种感兴趣的表现，而不是缺乏尊重。

同样，如果巴伦意识到他是在对着一群从小受应用优先方法教育的人写东西，也许他会先用一些要点来概括建议，并解释他需要团队的什么支持。然后他可能会继续使用一点背景数据，简洁地提出建议。

巴伦后来吸取了这一教训。"一位英国同事告诉我，如果我的电子邮件没有适合手机的屏幕，它有可能就没人看。"巴伦笑道，"现在，我发电子邮件之前就用这种办法试一下。"

教训很清楚了。向伦敦人或纽约人做展示，要抓住要点。向法国人、西班牙人或德国人做展示，就要花更多的时间设定参数和解释背景，然后再陈述结论。

——跨文化说服策略——

有效的领导通常依赖于说服他人改变他们的思维系统,采用新的工作方法,或提高适应市场、技术、商业模式新趋势的能力。因此,如果你是一个团队的经理,你的团队成员与你的文化背景不同,那么提高你的说服技巧来适应你的听众可能是至关重要的。

总部在巴西南部的一家钢铁公司的工程师若热·达·席尔瓦解释了他如何学会使用不同的方法,以试图影响得克萨斯州休斯敦的同事组成的新团队:

我们已经开发出一种新的程序来监控工厂的安全风险,运行得很好,与目前的情况相比需要更少的监督。我们的拉丁美洲办事处正在采用新的方法,美国办事处却正在抵制它,他们觉得自己使用的方法就很好。

我们一直试图向他们解释为什么新的程序很重要。然而,我们似乎并没能说服他们。因此,我们制作了一个非常详细的演示文稿,用一张张幻灯片解释了新方法中提出的关键概念。但是我们说得越详细,美国队友的反应就越少。

最后,我打电话给在美国的同事杰克·库德利。我与杰克在圣保罗一起读的本科,多年来与他关系密切。杰克问道:"你有没有试过向美国办事处的决策者展示一个例子,说明如果新方法得到良好实施,将会发生什么?"

基于这次讨论,我们邀请了两位美国决策者到巴西工厂来见证新的安全程序是如何工作的。我们花了两天时间带他们参观工厂,让他们采访装配线上的工人并审阅生产报告。他们考察了运行中的程序，提出了很多问题。他们回到美国就开始行动。现在我们在美国也有了和巴西一样的安全程序。

我吸取了教训。在巴西有用的说服方法在美国可能不实用。

正如达·席尔瓦所学到的，应用优先的思考者喜欢先看实际的例子，他们从这些例子中学习知识。同样的思路，应用优先的学习者习惯于"案例方法"，他们首先阅读一个描述商业问题和解决方案的真实故事的案例，然后从中归纳出一些教训。

原则优先的思考者也喜欢实际的例子，但他们在转向应用之前更喜欢理解基础框架。对于在原则优先文化中受教育的人来说，美国的案例方法似乎奇怪透顶。一位西班牙经理人告诉我："在西班牙，我们从小就受到这样的训练，即每种情况都有所不同，你不能假设在一种情况中发生的事情会在另一种情况中发生。因此，当我们要回顾一个特定主角的情况并提取一般性的学习点时，我们可能不仅会感到奇怪，甚至会觉得有点愚蠢。"

改变你的说服风格以迎合听众的喜好可能会有点挑战性。而且，如果有巴西人、美国人、德国人和法国人都参加同样的展示，那么选择的方法就更复杂了。正如与卡拉·威廉姆斯共事的德国经理延斯·休伯特所说："我今天面对的不再是一群纯粹的美国人或德国人，而是来自世界各地的众多参与者。"

对于延斯的情况，管理者的最佳策略是在理论原则和实际案例之间来回循环。你提供实用的例子来捕获应用优先听众的兴趣，原则优先的参与者也会欣赏它们。但是你会发现，后者会提出理论问题，而当你回答这些问题时，应用优先的学习者会感到厌烦。试着暂时忽略他们。忍住逃避概念性问题，因为你不这样做可能会牺牲原则优先听众的兴趣和尊重。花点时间好好回答这些问题，然后迅速提供几个实际的例子，再重新抓住那些应用优先听众减弱的注意力。

你会发现，无论你来回循环得多好，总是很难让你所有的听众都满意。但是，如果你了解说服量表和它提示的挑战，你就可以更清楚地读懂来自听众的暗示，并采取相应的措施。

同样的差异使得说服多元文化的受众变得困难，也使得提升多元文化团队成员之间的协作变得困难。这样的团队通常比单一文化的团队做决策要慢得多，如果你看一下说服量表，就很容易看出原因。

如果一些团队成员使用原则优先做决定，而其他人则使用应用优先做决定，那么这可能导致从一开始就出现冲突并且工作效率低下。更糟糕的是，大多数人对自己使用的逻辑模式知之甚少，这也会使他对其他人的逻辑模式进行负面的判断。

如果由于成员处于说服量表的不同位置，你的全球团队正受绩效不佳的困扰，请考虑以下策略：

- 通过解释量表来建立团队意识。让大家阅读本章内容并在小组会议中讨论。
- 文化桥梁可以帮很多忙。如果你的团队有双文化背景成员，或者他们有在不同文化中生活的丰富经验，那么要求他们承担起帮助其他团队成员的责任。
- 理解并适应彼此的行为。
- 耐心和灵活性是关键。跨文化工作见实效需要时间。拓展自己的能力，认识到他人的逻辑模式并努力适应，在国际工作时会帮助你变得越来越有说服力（效果显著）。

——整体思维：亚洲的说服方法——

在西方国家，我们看到了应用优先和原则优先两种思维模式的强烈差异。但是，在考虑亚洲和西方思维模式的差异时，我们需要使用不同的视角。亚洲人拥有我们所谓的整体思维模式，而西方人拥有我们称为特定方法的思维模式。

在为准备到欧洲工作的 17 位中国高层管理人员授课时，我见识了中国的整体思维模式。他们来自中国不同的公司和地区，其中 4 位是女性。他们有 6 位居住在波兰、匈牙利和荷兰，其余的人居住在中国。虽然有些人讲英语，但我的课程会通过同声传译译成普通话。

我首先介绍了沟通、领导和信任量表（后两个我们将在本书后面讨论），听众非常热情，他们把教室和幻灯片都拍了照片，甚至还用手机录了视频。我请他们分成几个小组，讨论他们如何处理一个全球团队中关于对抗的不同态度，这个团队由法国人、德国人（他们认为对抗是决策过程的一个重要方面）和中国人（他们认为对抗是对合作关系的冒犯）组成。他们在各自的房间里活跃地讨论这个问题，然后回到教室进行汇报。

我们首先问道："在这种情况下，团队领导应该采取什么措施来管理团队中关于对抗的不同态度？"

一个已经在匈牙利负责了两年运营，戴着厚眼镜、笑容可掬的像

小鸟一样的女人,她叫莉莉·李,举起了手:

让我来说说我的想法。事实上,在匈牙利,我们有来自欧洲许多国家的人。信任量表对我们来说是一个很大的挑战,因为在匈牙利不需要像在中国一样花时间来建立个人关系。在我们组织中没有信任关系的负面影响。

现在我有点困惑,因为我问的问题是关于对抗,而不是信任——而且在我们刚刚读到的案例研究中,没有匈牙利人。我把耳机靠近耳朵,以确保我能正确地听到翻译。莉莉·李继续谈论了几分钟关于信任、等级制度和她在匈牙利的经历,中国参与者仔细地听着。在我看来,虽然经过了几分钟有趣的谈论,但是其内容与我提出的问题毫无关系。莉莉·李终于说到点子上:"在这个案例中,如果团队领导花更多的时间帮助团队建立办公室之外的关系,那将在会议期间非常有帮助。如果团队的关系更加牢固,那么团队在处理公开辩论和直接对抗时就会更加自如。"

然后另一位与会者邓先生举手,我重申了具体的问题:"在这种情况下,团队领导应该采取什么方法来管理团队中对于对抗的不同态度?"邓先生开始说:

让我来阐述一下我的观点。我在技术行业工作了很多年。在我的公司里有很多年轻人,他们非常热情和勤奋。然而,我们公司等级制度森严。在会议期间,如果一个年轻人被问到一个问题,他会先看看老板的脸色。如果老板同意,年轻员工也会表示同意。

这时,我心里暗想:"邓先生,可不要忘记这个问题!"邓先生就自己组织中等级制度的作用发表了长达几分钟的评论之后说:"在一个全球化团队中,中国员工可能会与同事发生对抗,但他们永远不会与老板发生对抗。组长可以不参加会议,以使他的团队成员进行更踏实的讨论。"

整个早上,学生们的评论都遵循类似的模式:在花几分钟讨论外围信息之后,他们会绕回我们已经讨论过的话题上来,然后再回到他们的观点,就手头的主题得出结论。渐渐地,我明白了,这种行为并不只反映一个人或一个群体的独特风格,还是一种更广泛的文化规范——一种由跨文化领域中一些有趣的研究所揭示的文化规范。

理查德·尼斯贝特和益田孝彦两位教授向日本和美国的参与者展示了 22 幅水下场景的动画视频小片段(参见图 3-2,这是其中的一个插图)[1],然后,问每个参与者都看到了什么,再对他们回答的第一个句子进行归类。

图 3-2

这项研究的结果是显著的。在美国人提到画面中更大、速度更快、色彩鲜艳的物体时（比如在图中看到的大鱼），日本人则更多地在谈论背景中的事物（例如在左下角的植物或小青蛙）。此外，日本人谈到画面中突出的事物与背景中的事物的依赖关系的频率是美国人的两倍。正如一位日本妇女解释的那样："我自然地观察大鱼背后和周围的所有事物，以确定它们是哪种鱼。"

在第二项研究中，美国人和日本人都被要求"拍一张人的照片"。美国人最常使用的是特写镜头，展示的是这个人的所有面部特征；相反，日本人则展示这个人所处的环境，而人的身体相对背景来说很小（见图3-3）。

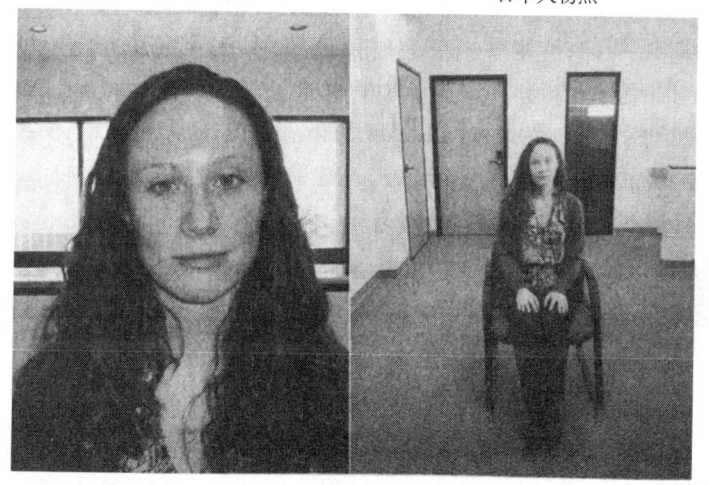

图 3-3

图片来源：Melissa Veronesi

在第三项研究中，尼斯贝特和益田要求美国和中国的学生阅读一些叙述性文字并观看一部无声喜剧片。例如，一部关于一个女人一天生活的电影,在此期间,各种事情合起来阻止她去工作——然后进行总结。在他们的摘要中,美国人对故事中心人物的陈述内容比中国人多30%。[2]

请注意这三个研究中的共同模式——西方人关注的是独立于环境的个体形象,而亚洲人则更多地关注背景以及这些背景与中心人物之间的联系。这些倾向在我访谈的跨文化经理群体中得到了证实。虽然西欧和盎格鲁－撒克逊语族的管理者通常遵循美国的特定思维模式,但东亚人的反应就像日本人和中国人在尼斯贝特的研究中所做的那样。

此外,我经常看到西方人和亚洲人讨论这些研究。这里有一个对话,直接来自关于照片研究的课堂辩论:

西方参加者:要求上说让拍一个人的照片,左边的照片是一个人的照片。右边的照片是一个房间的照片。让他们拍人的照片,日本人为什么要拍一张房间的照片?

亚洲参加者:左边的照片不是一个人的照片,而是一张脸部的特写。我怎么能仅仅通过脸部的特写就来确定这个人的信息?右边的照片是一个人的照片,整个人,包括周围的元素,所以你可以确定关于那个人的一些信息。美国人为什么要拍一张脸部特写?这会错过所有的重要细节。

西方人和亚洲人各自倾向于不同的解释模式,这并不奇怪。西方哲学和宗教的一个共同原则是:你可以从环境中移出一个事物来单独分析它。亚里士多德强调把注意力集中在一个突出的物体上,可以评估它的属性,划分它的类别,目的是找到支配它行为的规律。例如,亚里士多德看着一块漂浮在水中的木头,说它具有"漂浮"的属性,而看着一块在空气中掉落的石头,则说它具有"重力"的属性。他的意思是木头和石头每个都是孤立的,自成一体,文化学者称之为"特定思维方式"。

相比之下,中国的宗教和哲学在传统上强调相互依赖和联系的关系。中国古代思想是整体性的,这意味着中国人注意到了一个场域,物体处于其中,他们相信行动总是受场域力量的影响。对佛教和儒学都有影响的道家指出,宇宙和谐地运转,它的各种要素相互依存,阴阳描述了看似矛盾的力量,其实它们是相互关联和相互依存的。

考虑到这个因素,让我们重新回顾一下我给17位中国高管上课的情况。以下是我们在讨论鱼和照片后,一位中国学员给出的评论:

中国人的思考是从宏观到微观,而西方人的思考则是从微观到宏观。例如,在写地址时,中国人依次写省、市、区、街道、门牌号。西方人恰恰相反——他们从门牌号逐渐上升到城市和州。同样地,中国人把姓放在第一位,而西方人则正好相反。中国人把年份放在月和日之前,在欧美地区,这又是相反的。

很容易想到,当来自亚洲和西方文化的人加入一场谈话时,这些鲜明的思维顺序差异是如何产生障碍或误解的。一个典型的例子是,西方人可能认为中国人在围绕着关键点四处游走,而没有特意去处理它们,而中国人则可能体会到西方人试图通过抓住单个孤立因素来做决策,而忽略了显著的相互依赖关系。

这种差异影响了西方和亚洲文化中的商业思维。在亚洲商界领袖眼中,欧美高管往往没有花太多时间考虑他们行动的更广泛的含义就做出决定。正如韩国起亚汽车公司的潘贝(Bae Pak)解释的那样:

"在我们与西方同事一起工作期间,我们常常会惊讶于他们的决策偏好,他们从不考虑决策是如何影响各个业务单元、客户和供应商的。我们认为他们决定做得仓促,往往忽视周边的影响。"

——提高你的效率——

在特定文化中,作为供应商或团队成员,一旦人们感受到对自己非常详细的期望,通常会做出良好的回应。如果你需要给一个特定文化的团队成员提供指导,你就要关注这个人在什么时候需要完成任务。如果你清楚地解释了每一个人都需要做什么,就可以让他们有效地将精力集中在任务上。

在整体思维文化中,如果你需要激励、管理或说服某人,那么花时间交代大的图景并展示所有的部分如何匹配在一起就会更有影响力。我采访了杰瑟克·马莱茨基——一个异乎寻常的大个子,圆圆的脸,很友善,音调平和——他在东芝西屋电气公司工作。他提供了这样一个例子,说明他是如何学会管理整体思维风格的员工的:

我最近升职了,平生第一次管理的不只是欧洲人和美国人,还有日本人。我有16年的团队管理经验,多年来我一直在学习,并做得很好。我第一次出差去和日本员工见面时,我安排了以前一直在做的目标设定流程。我召集团队中的每个人到我的办公室开会。

会议期间,我们讨论了团队中每个人应该完成的任务,概述了每个人的短期和长期目标,根据达到和超过预期的情况制定个人奖金计划。

但正如马莱茨基后来意识到的,他的方法对日本员工来说并不是很好。"如果他们不理解其他人在做什么,以及各部分如何匹配在一起,他们就会觉得不舒服,或者难以被说服并采取行动。虽然我注意到他们在会议期间问了很多无关紧要的问题,但没有人向我解释这方法不适合他们,所以我带着一种虚假的满意回到了波兰。"

几周后,马莱茨基回到了东京,他发现自己分配任务和设定个人激励的方式与他团队的工作方式并不匹配:

团队花了很多时间相互协商了每个人要做什么,以及他们的个人目标怎样配合在一起来创建一个大的图景。这个团队现在取得了很大的进步,但并不是按照我对项目目标的分解方式。我明白了,任务具体划分以及个人激励计划的模式,在日本的环境下不能很好地运行。

马莱茨基学到的教训对于任何需要管理或影响整体思维的人来说,都是一个很好的案例。如果你需要向一个整体思维的听众解释项目、设定目标或推销想法,开始时要详细地解释大的图景。不仅要描绘整个项目的轮廓,还要说明各部分如何衔接,接下来才能深入探讨具体什么时间完成什么事情。

——避免陷阱,收获益处——

"多样性"和"全球化"风靡一时,许多公司都在寻求建立多国、多元文化团队,意图谋取促进创新、深入了解全球市场的收益。然而,正如我们所看到的,文化差异可能充满着挑战。有效的跨文化合作比单一文化的合作要花更多的时间,往往需要更加严密的管理。这里有两个简单的提示,可以帮助你意识到这种合作的好处,同时避免风险。

首先,在一个多元文化的团队里,让尽可能少的人在不同文化中工作可以节约时间。例如,你可以从来自四个国家的不同小组中每个国家选择一两个人来组建一个全球团队——这伙人最有国际经验——去做绝大部分的跨文化合作工作。同时,你可以让其他人以最自然的本土化方式工作。这样,你既有了来自文化融合的创新,同时也避免了文化冲击带来的效率低下。

其次,在文化融合之前,仔细考虑你的更大目标。如果你的目标是创新性或创造力,那么文化越多样就越好,只要这个过程是精细管理的。但如果你的目标是速度和效率,那么单一文化可能比多元文化更好。有时候,最好把罗马留给罗马人去管。

4 领导、等级和权力

你想得到多少尊重？

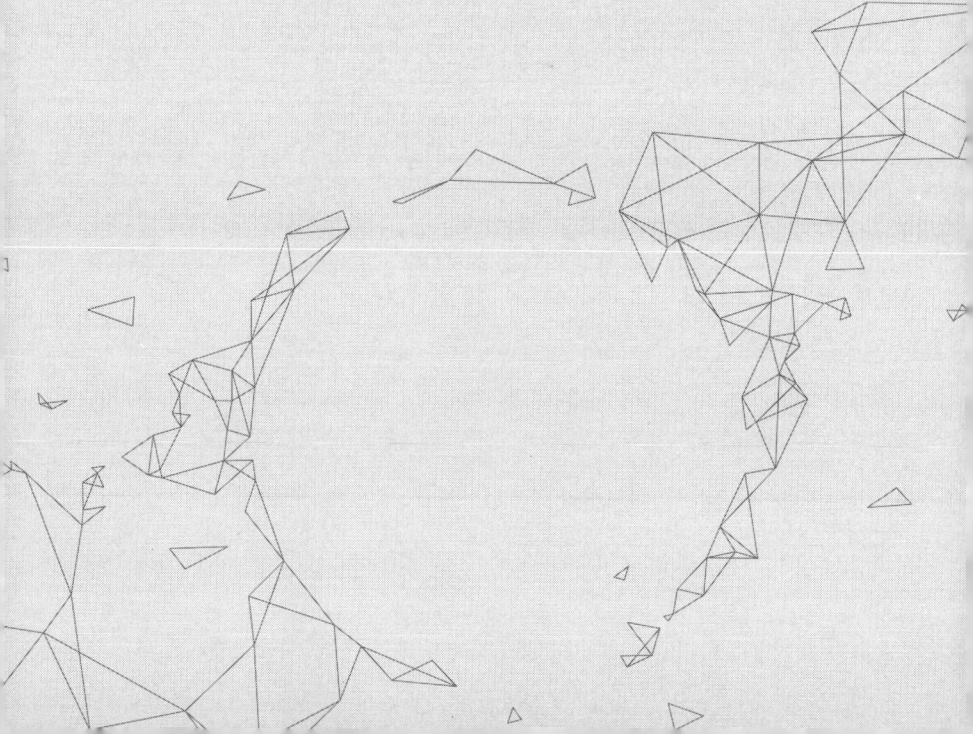

一个好老板是什么样子的？试着迅速回答这个问题，而不必考虑太多。在你想象一个完美的领导者时，他是穿着深蓝色阿玛尼西服、一双擦得亮亮的皮鞋，还是卡其裤、毛衣和舒适的慢跑鞋？他上班是骑山地车，还是开黑色法拉利？理想的领导者，你是自然地称呼他为"总监先生"，还是更喜欢叫他"山姆"？

对于乌尔里希·杰普森来说，答案是明确的，他是一位30多岁的丹麦经理人，过去十年一直在总部位于哥本哈根的跨国集装箱运输公司马士基工作，在管理岗位上上升得很快：

在丹麦，总经理被看作伙伴们中的一员，距离看门人就那么两小步。我努力成为那种类型的领导者，是一个平等的促进者，而不是一个高高在上发号施令的监督者。我觉得自己像团队的其他成员一样随意打扮也是很重要的，他们不觉得我傲慢，或者认为我在他们之上。

丹麦人对任何人都叫名字。除了乌尔里希，别人叫我别的什么我都觉得不舒服。在我的员工会议上，实习生和行政助理的声音跟我或任何主管的一样多。这在丹麦是相当普遍的。

杰普森没有采用敞开门户的政策——这是因为他没有门。事实上，他选择不要办公室（他们很少在公司总部），他在开放空间里和员工一起工作。如果团队成员需要一个安静的地方交谈，他们可以溜进附近的会议室。

杰普森继续说：

在管理丹麦人时，我了解到完成工作的最好方法就是把权力下放到组织中，然后走开，这能激励这里的人。我热衷于目标管理和360

度反馈这样的工具，这些工具允许我以与他们相同的级别去管理团队。

几个世纪以来，个体应该被平等对待与个人成就微不足道的理念是斯堪的纳维亚社会的组成部分，但这种信念被丹麦裔作家阿克塞尔·桑德摩斯在其 1933 年的小说《难民迷影》（挪威语 En flyktning krysser sitt spor，直译为"穿过自己足迹的避难者"）中定义为"詹代法则"。桑德摩斯的作品旨在对斯堪的纳维亚文化进行批判，反映在虚构的小镇詹代的同质和压抑的特征中。尽管如此，他所描述的平等原则似乎深深地刻在丹麦人的心中。

杰普森评论道：

尽管许多丹麦人想改变这种状况，但我们从小就沐浴在极端的平等主义原则中：不要认为自己比别人更好；不要以为你比别人聪明；不要认为你比别人更重要；不要以为你是一个特别的人……这些詹代法则在我们的生活方式和管理方式中是非常重要的部分。

杰普森的平等主义领导风格在丹麦非常受欢迎，他在四年内被提升了四次。第五次晋升是让杰普森负责公司最近收购的俄罗斯业务，这是他的第一个国际领导职位。

杰普森被重新安置到圣彼得堡郊外的一个小镇工作，他对管理团队遇到的困难感到惊讶。履新 4 个月后，他给我发了这样一份对俄罗斯员工的抱怨清单：

1. 他们叫我总裁先生。
2. 他们对我言听计从。
3. 他们不愿意主动行动。
4. 他们不断要求我的批准。

5. 他们把我当作国王一样。

在我和杰普森见面讨论他的跨文化挑战时,他举了一个具体的例子:"进入工作的第二周,我们的IT主管给我发电子邮件,详细地列出了我们在电子邮件流程中遇到的问题,并描述了各种解决方案。他在邮件结尾说:'总裁先生,请解释一下您希望我怎样处理这些问题。'这是我的收件箱里从各个主管那里发来的众多这类电子邮件中的第一封。所有的问题都堆起来了,我尽最大的努力把皮球踢回去。"杰普森告诉经理:"你比我更了解情况。你是专家,我不是。"

与此同时,他的俄罗斯管理团队成员都很恼火——杰普森显然缺乏作为领导者的能力。以下是他们在焦点小组访谈中提出的一些抱怨:

1. 他是一个软弱无能的领导者。
2. 他不知道如何管理。
3. 他放弃了顶层角落办公室(楼层角上两面有窗的高级办公室),向公司暗示我们的团队不重要。
4. 他不称职。

在杰普森抱怨团队成员不主动时,团队成员正在搓着双手抱怨他缺乏领导力:"我们只是等着你明确一下方向!"

你呢?你喜欢平等主义还是等级管理?不管你的国籍是什么,答案可能是一样的。全世界的大多数人声称他们更喜欢平等主义风格,而且大多数经理人说他们自己使用的是平等主义方法。

但来自跨文化鸿沟的证据讲述了另一个故事。当人们开始管理国际事务时,他们的日常工作显示出截然不同的偏好,而这些意想不到的、无意识的差异可能使跨文化领导变得异常困难,就像一位名叫卡洛斯·戈麦斯的墨西哥经理所发现的一样。在他为喜力啤酒公司工作的时候,他被派往一个遥远的大陆——阿姆斯特丹。

给一帮喜力经理上课的感觉起初有点像进入体育酒吧。你走进房间时,教室的墙上挂满了各种啤酒品牌的广告,还有真人大小的剪纸板,上面是端着冰啤的酒吧女招待。考虑到轻松友善的整体氛围,我曾期待着有一半的听众在我开始讲课时,会突然来上一首荷兰饮酒歌曲《天堂里没有啤酒》。

喜力是一家荷兰啤酒公司,在70个国家拥有市场。如果你喜欢啤酒,很可能会知道一个叫喜力的国际品牌,不仅有同名的喜力啤酒,还有阿姆斯特、莫纳迪或翠鸟牌啤酒。当你在阿姆斯特丹总部参观喜力时,除了会在拐角处找到一家品尝啤酒的博物馆外,你还会发现很多身材高大、金发碧眼的荷兰人和很多墨西哥人。2010年,喜力在墨西哥的蒙特雷市购买了一家大型企业,那里有一大批来自墨西哥东北部的喜力员工。

卡洛斯·戈麦斯是学员之一。我们开始上课时,他向班里学员描述了一年前他搬到阿姆斯特丹后的经历。

戈麦斯说:"管理荷兰人的感觉是难以置信的,与我领导墨西哥团队的经历完全不同,因为荷兰人根本不在乎谁是这里的老大。"

这时,戈麦斯的荷兰同事爆发出心照不宣的笑声,但戈麦斯抗议道:

不要笑!这不好笑。我每天都在挣扎。我要安排一个会议以便推行一个新流程。在会议期间,我的团队开始质疑该流程,把会议引到各种意想不到的方向，完全忽略了我的流程，忘记了他们是在为我工作的事实。有时我只能瞠目结舌地瞪着他们，哪里还有尊重？

你们认识我。你知道，我不是一个暴君或独裁者，而且我和这个房间里的任何荷兰人一样，深切地相信调动每个团队成员创造力的重要性。但是在我出生、长大的文化中，我们更尊敬比我们资深的人。我们对负责的人多一些顺从。

是的，你可以说我们更具等级性。如果我的团队不把我当作他们的上司，而只当成其中的一个人，我不知道怎样带领一个团队。这让我很困惑，因为他们对待我的方式，让我想要或需要更加有力地维护自己的权威。但我知道这做法是完全错误的。

我知道这样完全平等地对待每个人是荷兰人的方式，所以我保持沉默，并尽量耐心。但我常常想屈膝恳求他们："亲爱的同事们，你们不要忘了——我……才是……老板。"

——吉尔特·霍夫斯泰德与权力距离概念——

卡洛斯·戈麦斯发现管理来自荷兰的员工队伍非常令人沮丧，因为在涉及权力距离时，墨西哥文化和荷兰文化存在着巨大的差异。这个概念源于吉尔特·霍夫斯泰德在18岁时的海上之旅，他最终成为历史上著名的跨文化研究学者。

霍夫斯泰德作为一名助理工程师乘船前往印度尼西亚，并震惊于印度尼西亚人与荷兰同胞之间的文化差异。后来，当他在另一段旅途中认识了一位英国妇女时，他意识到，即使在地理上相近的国家，也存在着巨大的文化差异。这些差异使霍夫斯泰德着迷。最终，作为社会心理学教授，霍夫斯泰德是第一个使用大量研究数据在量表上描绘世界文化地图的人。

霍夫斯泰德在分析20世纪70年代IBM的100 000次管理调查时提出了"权力距离"这一术语。他把权力距离定义为"组织内实力较弱的成员接受并期望权力分配不均的程度"。霍夫斯泰德也考察了家庭和其他各种社会结构，如部落或社区中存在的权力距离。[1]

在最近的一项研究中，由罗伯特·豪斯教授领导的一群来自世界各地的学者在62个国家进行了数千次采访，以此再次测试和校准了霍夫斯泰德关于权力距离量表的数据。[2]这个项目通常被称为全球调研计划。豪斯和他的同事研究了一个社会的不平等在多大程度上得到了支持和期望，并考虑了不同国家对平等主义与等级领导偏好的影响。

领导量表采用霍夫施泰德的权力距离的概念，并将其具体应用于商业中。权力距离涉及如下问题：

- 对一个权威人物有多大的尊重和顺从？
- 老板像神一样威严吗？
- 在你的公司里越级可以接受吗？如果你想把信息传达给高于或低于你两个级别的人，你应该通过等级链条吗？
- 如果你是老板，你的权威光环来自何处？

正如这个列表中最后一个问题所表明的，权力距离在某种程度上与用来标记组织或其他社会群体中权力的信号有关。当然，这种信号在世界上不同地方可能被解释得非常不同。在一种社会里喊"这个人有移动山峰和激励军队的领导能力",在另一种社会里可能会喊"这个人软弱无能,没有领导能力"。

例如,在平等主义文化中,一个人权威的光环可能来自他表现得像团队中的一员;而在等级文化中,权威的光环往往来自他把自己明确地区分开来。

我遇到安妮-伊莲娜·古铁雷斯,是在明尼苏达大学高级法语课程上她担任教学助理的时候。教室里,我坐在她后面,羡慕她顺滑的棕色长发和稍稍带点口音的英语,试着想象她离开灯光之城巴黎,来到有着漫长寒冷天气的美国中西部会是什么样子。

幸运的是,多年后我再次遇到了古铁雷斯,我们都搬到了巴黎。她告诉了我她在明尼阿波利斯一家小咨询公司工作时——这是她在法国之外的第一份工作——遇到的一些令她惊讶的事情。

一天早上,古铁雷斯来到公司,发现她的计算机不工作了。她有一个重要的提案要完成,就向美国同事求助。她回忆道:"他们的回答令我惊讶:'帕姆今天不在,为什么不用她的电脑?她不会介意的,她奉行开门政策'。"

古铁雷斯至今还记得打开帕姆办公室的大玻璃门,走近她的桌子,触摸键盘的感觉。"即使帕姆离开这个国家,我也能感受到她的地位所赋予的权力在办公室上空盘旋。后来,我告诉我的法国朋友这个经历时,我们都笑了,试图想象如果我们的法国老板知道员工舒服地坐在他们的椅子上,使用他们的东西时,他们会怎么反应。"

古铁雷斯的故事表明,在法国文化中,一个老板的物质财富周围弥漫着他权威的光环。更广泛地说,它表明符号在定义权力距离时扮演着重要的角色。因此，如果你是老板，你的行为就胜过千言万语，而你自己可能毫不察觉。

以一个简单的行为举例，比如骑自行车上班。像丹麦这样的国家，当老板骑自行车上班时（这是很常见的），对奉行平等主义的丹麦人来说，这可能象征着一个强有力的领导声音："看，我是你们中的一员。"类似的事情在澳大利亚也适用，纺织行业高管史蒂夫·海宁解释说：

我回到澳大利亚最自豪的生活方式之一就是，我几乎完全是一个自行车通勤族。我的萨利长途卡车司机牌的自行车不只是一个玩具，还是一个装备齐全的运载工具，用于购物、四处走走、上下班、周末休闲骑行，以及其他我需要的地方。

我是公司的高级副总裁，我的澳大利亚员工认为我骑自行车上班真是太棒了。如果还有什么的话，就是他们喜欢自己的老板在办公室露面的时候戴着头盔。所以当我被派到中国的新岗位工作时，我决定带上我的自行车。

有一段时间，海宁在北京每天上下班都骑自行车，他发现这种策略确实引起了团队成员的注意。"但不是我希望的那种类型的关注。"海宁叹息道。在海宁和一位中国同事共进晚餐时，他了解了员工谈论他的话：

我的团队感到很丢脸，因为他们的老板骑自行车上班，像普通人一样。虽然在中国骑自行车上班的人远比澳大利亚多，但较富裕的中国人，不大考虑骑自行车上班。路上有很多自行车，但骑自行车的都是普通人。

所以团队成员发现他们的老板骑自行车去上班会感到很尴尬。他们觉得，这向整个公司表明，他们的老板不重要，联想起来，他们也不重要。

嗯，我喜欢骑自行车，但我在中国骑自行车上班是为了让我的团队充满动力。我当然不想因为每天早上流着汗出现在办公室里，破坏我的团队关系。于是，我放弃了骑自行车上班，开始乘坐公共交通工具，就像其他中国老板一样。

一旦理解了你的行为正在发送的权力距离信息，你就可以对要改变的行为做出明智的选择。但如果你不知道你的行为意味着什么，你将无法控制你发送的信号——可能会导致灾难性的结果。

——影响领导量表的历史文化因素——

我们将不同的文化系统定位在领导量表上，这些文化系统的位置从高度平等主义到强烈的等级体系（图4-1），在很大程度上利用了霍夫斯泰德的成果和全球调研计划，还结合了我和数百名国际经理人调研工作的数据。在量表上，我们将使用平等主义这个词来代替低权力距离，使用等级体系来代替高权力距离。

看一下领导量表就能看出一些有趣和重要的异常现象。

其中一个现象涉及欧洲文化在量表上的位置。有一次，我帮俄亥俄州的一家食品生产商做培训，和一群经常通过电话向许多国家的客户销售产品和服务的经理一起工作。我在准备课程计划期间与参与者通话，有几位经理告诉我，他们想更多地了解欧洲文化。

丹麦	以色列	加拿大	美国		法国	波兰	沙特阿拉伯	日本
荷兰		芬兰	英国	德国	意大利	俄罗斯	印度	韩国
瑞典	澳大利亚			巴西	西班牙	墨西哥	秘鲁 中国	尼日利亚

←――――――――――――――――――――――――――――――→
平等主义　　　　　　　　　　　　　　　　　　　　　　等级体系

图 4-1

平等主义：上司和下属之间的理想距离很短。最好的老板是平等的促进者，组织结构扁平化，经常越级沟通。

等级体系：上司和下属之间的理想距离很长。最好的老板是一个来自一线的强有力的主管，地位是重要的，组织结构是多层的和固定的，沟通遵循设定的层次线条。

好好观察一下领导量表，看看你能否识别出欧洲文化的位置。当你的眼睛从量表最左边的丹麦和瑞典一直扫视到位于中间靠右的意大利和西班牙时，你会意识到文化上欧洲的意义在这个量表上不是很明显。虽然欧洲是一个很小的地理区域，但各地对怎样做一个好老板存在很大的分歧。

许多研究者已经检验了欧洲内部的这些变化。例如，在20世纪八九十年代和21世纪初，我的同事安德烈·劳伦特教授曾就一系列领导力问题向数百名欧洲经理进行了调查。[3] 他的问题之一是："对于经理来说，下属在工作中提出的大多数问题，你手头上有精确的答案是很重要的吗？"

看看各个国家对这个问题回答了"是"的百分比（图4-2）。

如你所看到的，答案从一个国家到另一个国家发生了剧烈的变化。有55%的意大利受访者认为老板掌握大部分答案很重要，只有7%的瑞典人持相同观点。在最近的后续采访中，瑞典经理解释说，有意识的领导方式是这种态度的基础。有人评论道:"即使我知道答案,我也不会把它交给我的员工……因为我希望他们能够自己解决。"意大利经理很可能会说:"如果我不给我的员工提供他们需要的答案,他们如何推进工作?"

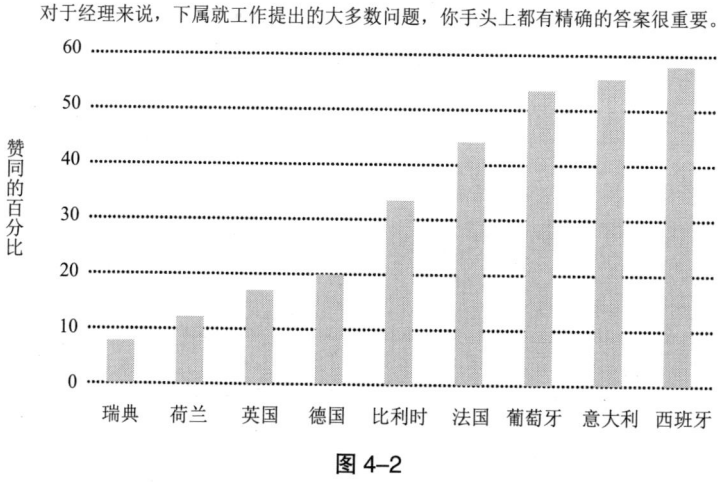

对于经理来说,下属就工作提出的大多数问题,你手头上都有精确的答案很重要。

图 4-2

劳伦特教授对这些结果很感兴趣,但他对历史因素感到困惑,当谈到老板的角色时,这些历史因素可能会促使不同欧洲文化背景的老板扮演不同的角色。有三条线索,可以从高中历史课中回忆起来。

我回忆起的第一条线索是十年级时邓肯老师给我们讲的,关于罗马帝国是如何横扫南欧的。他以平静的语调讲述了罗马人如何建立等级社会、政治结构和高度中央集权制度以管理其庞大的帝国。不同阶级之间的界限是严格的,在法律上强制执行。甚至不同阶层的人穿着都不同。只有皇帝被允许穿紫色宽松的长袍,元老院议员可以穿有紫色宽条纹边的白色长袍,而等级次于议员的骑士则可以穿有紫色窄条纹的长袍。人的阶级是显而易见的。

因此，第一个历史观点是，那些受罗马帝国影响的国家（包括西班牙、意大利，以及法国）往往比西欧其他国家等级更森严。虽然你的意大利老板不太可能穿紫色的长袍，但这些植根于潜意识的态度如今仍然存在。

第二条线索涉及更晚时期的欧洲帝国，一个统治着欧洲大陆北部的帝国，其范围几乎和罗马帝国统治的南部一样大。在你想到维京人时，你可能会想到他们粗重强健，留着长长的、两端下垂的海象胡，戴着有角帽，乘着大船，发动血腥的战争。你可能不知道的是，维京人其实是惊人的平等主义者。在冰岛定居时，他们建立了世界上早期的民主国家，整个社区都被邀请到辩论厅讨论当天的热门话题，然后进行投票表决，每个人的意见都具有相同的分量。传说，弗兰克王子从南欧派出一个特使去和维京人谈判，特使谈判时摸不着头脑，回来后既困惑又沮丧，抱怨说："我不知道跟谁谈判。他们都说他们是酋长。"

受维京人影响最大的国家一直被列为当今世界上最能体现平等和共识导向文化的国家。因此，不用奇怪，即使在今天，当你走进哥本哈根或斯德哥尔摩的会议室时，你也很难认出谁是老板。

第三条线索涉及特定宗教中人与神之间的距离。在领导量表上，新教文化的国家往往比那些天主教传统的国家更倾向于落在量表平等的一侧。对这种现象的一种解释是，新教改革很大程度上取消了传统的教会等级制度。在许多新教派别中，个人直接与上帝对话，而不是间接地通过神父、主教和教皇与上帝对话。因此，新教占主导地位的国家比天主教占主导地位的国家更倾向于平等主义是很自然的。

当然,所有这些历史观察都过于简单化,因为每个国家都有丰富而复杂的历史,从而形成其领导理念。但是,即使在今天跨文化交流司空见惯的短信和视频通话中,几千年前发生的事仍然继续影响着个人成长和文化的形成。这些历史有助于解释为什么欧洲国家在领导量表上处于如此宽泛的不同位置。

看一下量表的右边,那里聚集着等级体系的国家,我们可以发现许多亚洲文化系统。在这里,我们可以再次指出一个重大的历史人物——中国古代哲学家孔子,这有助于解释这一模式。

我十几岁的时候,有一年冬天住在明尼阿波利斯,家里住着一个叫罗南的中国博士生。我和哥哥经常打架,有一次闹意见后,罗南给我讲了孔融的故事。孔融是汉代的学者、政治家和军事家。据罗南说,在孔融四岁的时候,大人让他从几个梨中挑选一个,他没有拿最大的梨,而是拿了最小的梨,说大个的梨应该给他的哥哥们吃。虽然这个故事没有改变我对我哥哥的看法,但这一奇怪的信息却萦绕在我的脑海里。我不太喜欢梨,但我肯定不会因为哥哥恰好比我早出生两年就给他最大的。

显然,我并不是在儒家思想下长大的。但在亚洲,年长的兄弟姐妹的地位明显高于年幼的。在中国家庭中,提到孩子时通常不是叫他们的名字,而是叫他们的亲属称号("大姐""二哥""四妹"等)。通过这种方式,他们就会不断地被提醒自己在家庭中相对于其他人的地位。

孔子主要关心的是如何维持社会秩序与和谐。他认为,如果每个人都能理解自己在社会中的等级，并遵守符合这种等级的行为规范，那么人类将与宇宙和谐相处。相应地，如果人们没有按照规定的角色行事，社会秩序就会受到威胁。孔子设计了一种相互依存的关系体系，一种下层人服从上层人、上层人保护和指导下层人的结构。他把这种结构称为五伦，概述了五种主要的关系：

皇帝（仁慈）在臣子（忠诚）之上

父亲（保护）在儿子（尊重和服从）之上

丈夫（义务）在妻子（顺从）之上

哥哥（照顾）在弟弟（信服）之上

年长朋友（信任）在年轻朋友（信任）之上

如果孔子今天还活着，并为今天的商业领袖们更新模式，他可能会在其结构中增加第六种人际关系：上司（仁慈、保护、关怀）在下属（忠诚、尊重、服从）之上。

时至今日，也许是因为儒家传统思想的原因，在东亚社会中，从中国到韩国，再到日本，领导力的家长式观念让西方人感到困惑。

在这种"父亲什么都知道"的国家中，坐在金字塔顶端的家长，他的观点或想法很少受到挑战。虽然亚洲人已经开始脱离这些狭隘的政治、商业和日常生活的角色，部分原因是西方的影响力日益增强，但今天大多数亚洲人仍然习惯于按照等级制度思考。他们比西方人更尊重等级制度和地位差异。

在平等主义文化中，脚踏实地的首席执行官每天早上都会和看门人直呼其名地聊天，这件事经常被拿出来表扬。但在中国或韩国你不会看到这种情况。

在图 4-3 中概括了平等主义与等级体系的一些要点。

平等文化的一般特征	等级体系的一般特征
在公开场合与老板意见相左是被允许的。	要尽量听从老板的意见,尤其在公开场合。
人们在没有得到上司同意的情况下很有可能采取行动。	人们在采取行动之前要得到上司的批准。
如果和客户或供应商见面,不用太关注匹配对方的层级。	如果你们派老板去,他们也会派老板。如果你们老板取消行程,他们的老板也可能不来。
给你下面或上面几个级别的人发电子邮件或打电话是可以的。	沟通遵循等级体系的链条进行。
与客户或合作伙伴交谈,座位没有具体的顺序。	与客户或合作伙伴交谈,要按职位次序就座。

图 4-3

——在等级文化中学会管理——

像任何抱有善意的美国人一样,我会对一个固化社会阶层的观念感到不安。当想到等级制度时,我想到了最底层的人有义务服从,我认为这暗示了一种不人道的情况,像是奴隶和主人之间的关系。我认为这与个人自由形成了直接的冲突。

然而,要理解儒家的层级观念,不仅要考虑下级人员的服从义务,而且要考虑上级人员保护和照顾下级人员的重任。领导者关心和教育的责任与下属服从和遵照指示的义务一样强烈。几个世纪以来,儒家社会一直认为,这种双重责任是道德社会的支柱。

认识并尊重这种互惠义务体系对于来自平等社会的管理者来说是重要的,在他与一个等级社会的团队,特别是亚洲团队合作时更是如此。你必须像一个善良的儒者一样记住你的义务，你的团队可以不折不扣地遵照你的指示，但作为回报，你必须表现出一贯的家长式呵护。你要保护你的下属，指导和教育他们，像慈父对待孩子那样，永远关心他们的利益。你要发挥好你的作用，你可能会发现，在等级文化中领导一个团队会带来很多回报。

本章前面我们提到的澳大利亚自行车骑手史蒂夫·海宁在中国生活了几年后，总结了自己的经历：

领导一个中国团队真是太高兴了！在欧洲进行管理的时候，我试图实施的每一个想法都必须在部门的每一个层级上讨论来讨论去。为了努力达成共识，我浪费了太多太多的时间。我刚开始在中国工作时，我感到很沮丧，因为员工不会以我习惯的方式来反击或挑战我的想法。在过去的六年里，我与团队的成员建立了非常密切的关系——几乎是父子关系。我开始喜欢上了中国式管理。给出清晰的指令后，看着又能干、又热情的团队高高兴兴地攻克项目，从不推托或挑战我的权威，这是非常美妙的。

正如我们所注意到的，象征性的动作和态度可以传达出你所实践的领导风格。这就是为什么名称的用法很重要。许多西方经理人更倾向于非正式的、平等的关系，他们试图让亚洲下属直呼其名。然而，如果年龄和地位差距很大，大多数人这样做就会感到不舒服。如果建议他们用名字和头衔混合的方式称呼自己——比如"迈克先生"，他们会更容易接受。

同样，礼仪细节对你在中国、韩国或日本的成功至关重要。在你进入一个房间时，你应该知道先握谁的手（老板的手），在坐下来谈正经事之前应该和谁（按级别从高到低的顺序）寒暄。举办宴会时，应根据客人的层级安排座位以免得罪人。如果把这些细节搞错了，你就有可能没法进行下一次会议，更不用说合作了。

——层级跃升：先看后跳——

无论你在哪个国家工作，人力资源部都会有一个幻灯片显示公司的组织结构。你的名字位于图表上某个地方的整齐的方框里，如果你沿着那个方框上方的线往上，就会看到你上司的名字，再上面是你上司的上司的名字，最后是公司董事长的名字。如果你沿着方框下方的线往下走，你会看到那些向你报告的人列在一个整齐的方框中，而向这些人报告的人，又整齐地排在下面一行中。这种等级秩序是每一种商业文化所共有的，但在现实世界中运用这种秩序的方式却大相径庭，这取决于每种文化的等级或平等程度。

例如，如果你想和比你高几级的人谈话，你会怎么办？你能简单地拿起电话，拨打对方的电话号码，或者闯进角落大办公室，匆匆见个面并喝一杯咖啡吗？如果你这样做，上司的上司会如何回应？你的直接上司会怎么想？

答案可能部分取决于你的公司类型和所涉及上司的个性特征。但文化差异可能起到更大的作用。

在越平等的文化中，越级沟通往往是越容易接受的。在荷兰为喜力工作的墨西哥经理卡洛斯·戈麦斯这样说：

我搬家后不久就有过两次受教的经历。第一次，我的行政助理卡尔·德·格罗特正要抓起外套出去吃午饭。我问他是否想和我一起吃三明治,他很随意地说,他不能,因为他正要和扬吃午饭。顺便说一下,扬是我们公司的总经理,是我上司的上司。显然他们在电梯里见过面,卡尔提议他们一起吃午饭。我有点傻了,一个行政助理竟然不经任何人的同意,甚至不通知他的直接上司——我,就和他上司的上司的上司一起吃饭。

戈麦斯问他的荷兰同事们对这件事的看法,每个人都认为这非常正常,他只好耸耸肩。然后,在几周后的一次员工会议上,发生了第二件事:

一个直接向我汇报的人,一个聪明、雄心勃勃、善于与人打交道的经理,很随便地提到他刚刚给公司首席执行官发了一封电子邮件,对一项新举措提出了一些批评。他向整个团队宣布了这件事,他给一个拥有64 000多名员工、比他高出5个级别的人发邮件,甚至没有告诉我——他的直接上司——或任何其他人,就像它是生活中最正常的事情一样。

我感到不爽,我觉得我的笑容在脸上展开然后僵住了。我还是积极地继续工作,但保持沉默,因为我明白,在荷兰的文化环境中,这是可以接受的。但我想说:"你到底做了什么?!"我只要想到下次和大老板见面时,对于我团队的人满嘴放炮,我会受到他怎样的责骂,就觉得脉搏乱跳。

当然,这是从来没有发生过的,因为他也是……嗯,荷兰人。

事实上,这两个故事涉及的所有人都在同一个环境中生活和工作,使得戈麦斯比较容易处理所触及的文化挑战。随着时间的推进,戈麦斯越来越意识到在荷兰的文化环境中怎么做才是合适的，所以他能够努力控制自己的情绪以便做出适当的反应。当所涉及的人在不同的国家生活和工作时，越级的挑战可能更加复杂，就像使用电话、电子邮件或其他电子媒介进行远程通信时可能发生的那样。

我曾经被要求帮助改善两个团队之间的合作，一个在温哥华，一个在班加罗尔。莎拉·彼得森是温哥华团队的经理，有8名加拿大人为她工作。"我们为客户提供需要的软件开发技术规范，并将其发送到班加罗尔，在那里，里希·拉甘领导的大约25名程序员组成的团队在进行工作。"她解释说。

"这个问题始于几个月前，当时我需要里希团队的一名程序员提供信息，我用电子邮件向那个人询问，但他没有反应。我连发了三封后续电子邮件，还是没有得到答案。后来，我需要从里希团队的另一个人那里得到一些东西，但是我给她发了邮件，她还是没有回复。"

彼得森受够了。"我们给这些家伙付了不错的报酬给我们干活。我打电话给里希抱怨他的团队缺乏沟通能力，但是情况并没有改善。真是浪费时间！"

为了找出问题的原因，我打电话给拉甘。"我真的不知道我做了什么，破坏了莎拉的信任。"他叹息道，"但是现在我们之间的关系变得非常糟糕，她不愿意和我一起工作了。"

我请语调温和的拉甘解释发生了什么事。我听到的答复与从莎拉·彼得森那里听到的完全不同：

莎拉直接给我的员工发电子邮件，她似乎故意绕开我。我是经理，她应该发电子邮件给我，而不是我的员工。当然，在团队成员收到这些电子邮件时，他们觉得，像她这种级别的人竟然会直接发来电子邮件，这个事实让他们不知所措。他们当然不想卷入我和她之间的问题之中。然后彼得森就抱怨我们的沟通能力很差！

正如这个故事所讲的，虽然电子邮件是一种相对较新的技术工具，但不同文化类型的社会已经开发出了完全不同的使用模式。因为彼得森和拉甘两个团队在沟通这件事上彼此误解很深，所以有必要召集小组的现场会议来消除他们之间的分歧。"这个旅行很贵。九个人从温哥华飞往班加罗尔参加为期三天的会议并不便宜。"彼得森后来反馈道，"但在一起，我们讨论了我们的看法、文化差异和期望，我们能够改善形势回到最初。"

大多数情况下，如果经理们肯付出额外辛苦预先讨论他们将如何沟通，许多痛苦和昂贵的错误完全可以避免。当双方都进一步时，像拉甘和彼得森那样，问题就出现了，他们认为自己的风格是正常的，而对方是错误的。一旦他们理解了对方的行为，事情就会进展顺利。彼得森欣然同意今后把所有的电子邮件抄送给拉甘，拉甘同意彼得森可以直接向他的员工提出紧急要求，他会让员工立刻知道新的协议。

以下是一些关于跨文化越级的简单策略，可以帮助你避免遇到像拉甘和彼得森那样的问题。

如果你和一个来自等级社会的人一起工作：

- 先与同级的人沟通。如果你是老板，请先与同等地位的老板沟通并得到明确的许可，再从一个级别跳到另一个级别。
- 如果你要发邮件给比自己低一个等级的人，请同时抄送给他的上级。

- 如果你需要接触你上司的上司或下属的下属,首先要得到其中间上司或下属的许可。
- 发电子邮件时,除非收件人有专门要求——例如发给你的邮件里签名档只用他们的名字,否则用"姓"称呼收件人。

如果你与一个来自平等主义社会的人一起工作:
- 直接去找消息来源,不必麻烦老板。
- 在抄送老板之前要三思。这样做可能会让收件人认为你不信任他们,或者试图给他们带来麻烦。
- 跳过级别层次可能不是问题。
- 在斯堪的纳维亚、荷兰和澳大利亚,写电子邮件时使用名字。在美国和英国很大程度上也是如此,可能会存在区域和环境的差异。

如果你不确定你工作中的文化系统在量表上的位置,先遵循等级文化的建议通常比较安全,不太可能让你意外地陷入麻烦。如果你领导的是一个全球团队,不同文化背景的成员在领导量表上具有不同的位置,那么就预先定义团队协议。我们什么时候可以跳过等级?我们什么时候抄送给谁?通过确定每个人都同意遵守的清晰的团队文化规定,可以避免大多数误解。

——当国际员工表现出过多或过少的尊重——

"在中国,老板总是对的。"史蒂夫·海宁说。海宁反思着他在北京的多年管理经历,"即使老板错得离谱,他仍然是对的。"

像海宁一样,如果你发现自己在一个等级化的文化系统中管理员工，你可能会感到惊讶和不舒服，你说的话会被置于重要的地位，并且难以听到员工的意见。"当我向员工征求他们的想法、建议或意见时，他们会静静地坐着，盯着鞋带。"海宁回忆道，"我后来得知，这种类型的提问是在向他们暗示，我试图测试他们，看看他们是否知道我希望他们说什么。因为他们不知道，所以他们觉得保持安静更安全。"

对于海宁来说，这种情况最初是令人困惑的。"如果我不知道我的团队对一个问题的真实想法，我怎么可能做出正确的决定呢？"他过去常常纳闷。如果你在管理一个非常尊重你权威的团队，你无法得到需要的信息以做出明智的决定，那么你可以采取一些措施，这完全不会让你的权威打折扣。这些措施包括：

- 让团队在没有你的情况下开会，以小组为中心进行头脑风暴，然后再向你汇报小组的想法。"去老板化"的会议消除了他们顺从的顾虑，让人们更舒服地分享想法。

- 在你召开会议时，提前几天给出明确的指示，说明你希望会议如何进行，以及你打算问的问题。明确地告诉你的团队成员，你想得到他们的想法。通过这种方式，他们可以充分准备和分享自己的想法来显示对你的尊重。这也给了团队成员时间，让他们在会议前认真梳理他们的想法并互相检查。

- 如果你是老板，记住你的职责是主持会议，不要指望人们在没有受到邀请的情况下会随便加入进来。相反，邀请人要大声说出来。即使团队成员已经做好了充分的准备，并准备好分享他们的想法，他们也可能不会自告奋勇，除非你单独邀请他们。当你这么做的时候，你可能会惊讶地发现他们非常愿意分享。

另外，你也许会发现自己和卡洛斯·戈麦斯处于同样的境地，在一个比你自己更平等的文化中管理团队。正如戈麦斯所解释的："有时候我好像不知道我的员工在做什么，因为他们很少向我反馈。对我来说，从'袖手旁观'到'失控'只有一步之遥。"

戈麦斯开始钻研荷兰同事推荐的管理书籍，学习他们偏好的领导方法。他发现，在墨西哥使用的按目标管理的制度可以很容易地适应荷兰的平等主义环境。他的建议包括：

- 引入目标管理，首先与每位员工谈谈部门未来一年的愿景，然后请他们提出自己最佳的个人年度目标，但须与你协商并达成最终协议。以这种方式，你就成了一个引导者，而不是一个监督者，同时仍然保持着对正在完成的事情的掌控能力。
- 确保目标是实际的和具体的，并考虑将它们与奖金或其他奖励挂钩。
- 设定为期12个月的目标，并定期检查进度，也许每月一次。如果目标进展令人满意，你可以给下属更多的自我管理空间；如果进度滞后，你可以更多地参与其中。

此外，你可以考虑采取一些简单的象征性步骤，发出计划采用的领导风格的信号。员工穿什么你就穿什么——如果他们不打领带，你也不打（当然，除非客户来访或向董事会做演示，需要特别的"商务着装"礼仪）。尽量少用头衔，用名字称呼你的团队成员——并鼓励他们也这样叫你。考虑让员工在会议期间轮流担任领导角色，而不是保留讨论的个人控制权。

这样的行动会展现出你的灵活性，让团队成员和你一起工作时感到舒适。毕竟，你自己文化背景的人在员工中占少数，就由你来做出调整以适应他们吧——如果你是老板。

…

在等级体系、高权力距离的俄罗斯文化中生活了三年后，乌尔里希·杰普森如是说：

我终于学会了在不同的文化环境中很好地领导别人，尽管我看待老板的方式发生了很大的变化。我可以很友好，就像我在丹麦时那样友好，但是我必须和员工保持距离，并且履行一种对我而言全新的家长式角色的责任。否则，员工根本不会尊重我，或者更糟糕的是，他们被我弄得很尴尬。而且，正如我很快了解的那样，没有得到员工的尊重做什么事情都很难。

在当今的全球商业环境中，无论是平等主义的领导还是等级体系的领导都是不够的。你需要两者兼顾——根据文化量表上国家的位置开发灵活的管理方式。通常，这意味着回到原点；意味着关注当地领导人如何成功；意味着经常解释自己的领导方式；甚至可能意味着在适当的时候学会嘲笑自己。但归根结底，这意味着学会用不同的方式领导，以便激励和领导与自己文化不同的团队。

5

谁来决策,如何决策

大写字母D还是小写字母d:

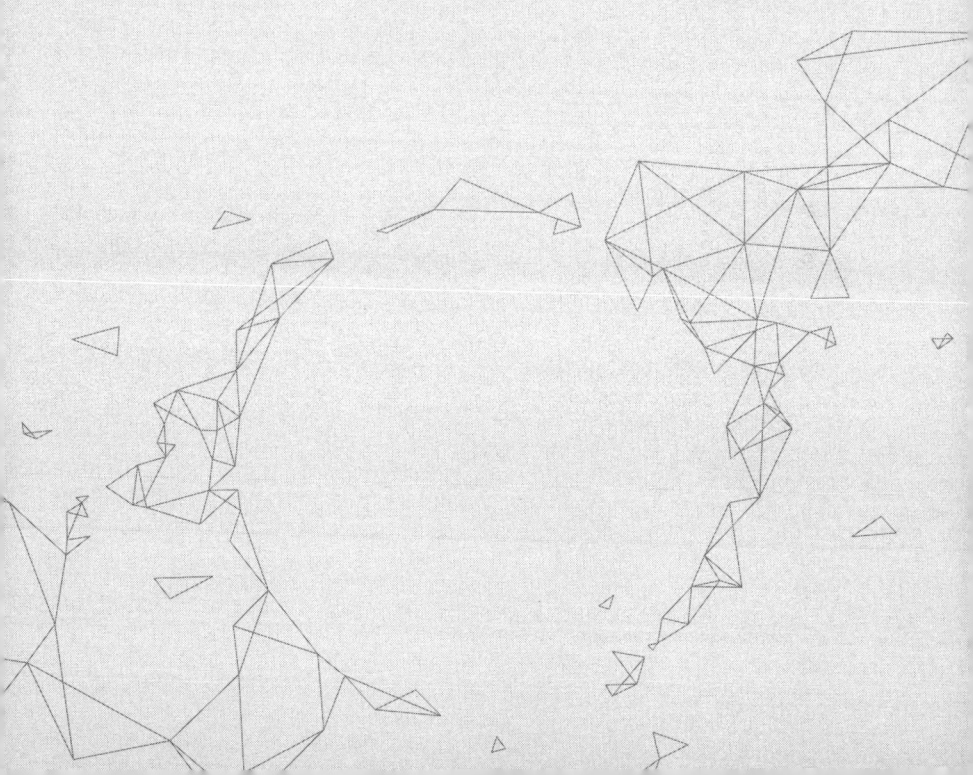

纽约市一家金融公司与德国一家机构的合并是我参与过的最紧张的跨文化交易之一。在进行并购时,每个团队都深深地敬佩对方,但很快就开始产生误解并破坏最初的善意。在这几个月里,我采访了双方的管理团队,跟他们了解对事情进展的看法。我是从拉里·尼科利开始的,他是个非常热情、精力充沛的纽约人,身材瘦削,嗓音洪亮,在公司里排名第二。

"难以置信!这些德国人等级森严。"尼科利大声说,"我与一位慕尼黑的分析师共进午餐——只是吃个午餐,后来我的手被他上司的上司打了一巴掌,因为他比我低好几个级别,而且我没有遵守适当的礼仪。谁在乎他在哪个级别?嗯,我知道了有件事是确凿的——这些德国人在乎!"

几天后,我会见了德国方面的人力资源部主管马提亚斯·伍尔夫,他领导了慕尼黑方面的合并。他狠狠地发了一顿怨言:

这些美国人给你的印象是,他们是多么的平等主义,他们奉行敞开门户政策、直呼其名、休闲着装。但别被愚弄了,他们比我们更具等级观念!当美国老板说"向左转!"时,美国人都脚跟点地,向左转——没有质疑,没有挑战。我从未见过这样的事情,如果你是德国人,你敢于挑战你的美国老板,就像在德国很常见的那样,你会发现自己离失业更近了一步,不要惊讶。我知道这是真的——这事就发生在我身上!

如果是第一次在美德联合企业工作,我可能会被这些看似矛盾的抱怨所迷惑。也许我会把它们归因于团体的组织文化、个人性格,或者人类普遍的伪善。

但过去我曾参与过类似的交易，对这些意见并不感到惊讶。我能预料到这些事情的发生。

在我第一次从美国搬到欧洲，听到许多德国人和其他北欧人评价美国商业文化是如何等级化的言论时，我感到非常惊讶。美国人深信自己是平等主义者，但我越是从德国人的眼睛里看到他们对美国文化的描述，就越理解德国人的观点。

美国人认为德国的组织是等级制的，是因为等级结构的固有性质使老板和下属之间有正式的距离，并使用非常正式的头衔。而德国人认为美国的公司是等级制的，是因为他们的决策方法——德国人更重视建立共识，并以此作为决策过程的一部分，而在美国，决策则由个人做出。

——共识是一个平庸的单词——

我看到美国著名商业演说家、畅销书作家帕特里克·伦西奥尼在一次年度商业会议上发表主题演讲，他宣称："就我而言，'共识'是一个由四个字母组成的单词！共识不能满足任何人的欲望，但它是以平等的方式，让人们接受它。就是由于寻求共识使我们走向平庸。"[1]

伦西奥尼对群体决策的蔑视反映了美国人的普遍情绪，而这正是德国人所难以置信的。美国老板拒绝了达成集体同意的要求，他对团队说："这就是我们将要做的事情。"而且团队的大多数成员都站成一排，不管他们自己的意见。"团结让我们挺立，分裂让我们倒下"是一种强有力的美国价值观，表达的信念是：尽快支持这个决定会带来高效率,也会带来成功。

在这方面,美国文化是世界文化地图上的几个异常点之一。大多数在领导量表上位于平等主义一端的文化系统,都相信协商一致的决策。例如,瑞典人在世界范围内既是极端平等的,又是最重共识的。荷兰人也非常重视平等的领导风格和协商一致的决策。相比之下,从摩洛哥到韩国,落在领导量表上等级主义一端的文化系统,也是自上而下的决策文化系统。在大多数国家,平等主义与价值共识有关。美国打破了这种模式,将平等主义的民族精神与自上而下的决策方法相结合,一个人——通常是负责人——代表整个群体迅速做出决策。因此,美国比等级文化系统更倾向于自上而下地做出决策,与德国或瑞典这样的国家相比,其价值导向是一个人迅速做出决定、其他人跟随,这个人往往就是老板。

相反,有一些文化系统以另外的方式打破了模式。在像德国这样的国家,却是将协商一致的决策风格与等级主义相结合,在征求群体反馈和达成群体共识上花费了更多的时间。德国和美国都是全球模式的例外,但方向相反,这一事实有助于解释来自这两种文化的管理者匆匆凑到一起进行决策时所感到的恐慌。

由决策风格的差异而产生的并发症并没有就此止步。让我们回到德美双方的合并谈判上。考虑到困难的情况,每个人都有压力,并被迫做出反应。德国和美国方面的经理人请我帮忙,把这两个小组整合成一个团队。

我第一次会见了两位德国总监,玛蒂娜·米勒,一位身材瘦小、性格开朗、修剪着整齐的金色短发的女性,还有她含蓄但同样友好的上司马提亚斯·伍尔夫。在他们走进我在巴黎的办公室时，我发现任尔夫高过米勒一头。在我要求他们描述德国经理们对过去几个月整合所做出的努力时，他们并没有退缩。

不出所料，米勒和伍尔夫似乎特别惊讶于美国首席执行官会单方面做出决定，而公司其他成员只能紧紧跟从。相比之下，他们以前的德国主席的所有决定都得通过集体决议。"甚至每周管理会议的议程都是通过协商一致确立的。"米勒解释道，"主席在会议召开前几天会分发一份提议的议程，要求管理委员会中的每个人都赞同或建议修改——在实际会议召开之前会再让团队依次批准。"

这种决策模式的差异在德国人中间产生了深深的不安感。"问题是，"米勒解释说，"我们不能撼动美国人试图欺骗我们的这种感觉。我们愿意相信他们的意思是好的，但看到的却一直是与我们感觉相反的行为。"

米勒描述了与美国队友看似积极的会议以一个美国人说了句"太好了，我们已经做出了决定"而告终。她继续说："对我们来说，当你说'我们将这样做'时，这是一个承诺，一个应许。你不能明天随便改变主意。"德国人吃惊于美国人可以这么快地做出决定，没有太多的讨论，没有各方的参与。作为回应，米勒说："我们会花上几天的时间勤奋地执行计划。然后美国人会改变主意，或者带来更多的数据，指出一条不同的道路。他们每周都会随意改变决定，好像这是团队工作的正常组成部分。"

"在经历了许多悲痛和挫折之后，"伍尔夫补充说，"我们已经得出结论，对美国人来说，一个'决定'只是一个需要继续讨论的共识。如果你是美国人,你明白这一点,那很好。但对于一个德国人来说,他将决定视为一个向前推进计划的最后承诺,这会产生很多问题。"

后来,我去美国团队做访谈,拉里·尼科利对德国人似乎无法适应新的信息深表失望:"他们花了几个星期的时间做出决定,而且,一旦决定下来,他们一辈子都坚持不改。但是世界是动态的,事情都在变化。如果决策不灵活,我们如何才能战胜竞争对手?"

与其他文化特征一样,这些不同的决策风格也有其历史根源。美国拓荒者中的许多人逃离了他们祖国的等级结构,非常强调速度和个人主义。拓荒者向西横跨美国大平原,要想取得成功,就要靠先到达,然后努力工作,把错误看成追求速度不可避免的、最无关紧要的副产品。必然的结果就是,美国人不喜欢过多的讨论,这只会减慢他们的速度,他们宁愿迅速地做出决定,通常是基于有限的信息,无论是通过领导人还是通过投票。

当然,今天的美国商人不是在加利福尼亚的河沟里寻找黄金,也不是在空旷的平原上寻找耕地,但是这种对快速做出个人决策的强调,伴随着决策总是可以改变的观念,在民族文化中影响仍然很强大。

相比之下,倾向于协商一致的决策文化渗透到许多德国公司,在那里,权力通常不是授予一位首席执行官,而是属于一小群通过团队共识进行管理的高级管理人员。较大的公司有一个管理委员会,管理委员会对公司政策负有最终决策责任,因此公司董事长的个人权力与许多其他国家相比要小得多。

这些不同的决策风格对一个典型项目的时间线有着巨大的影响。

在协商一致的文化中,时间线可能看起来像图 5-1。

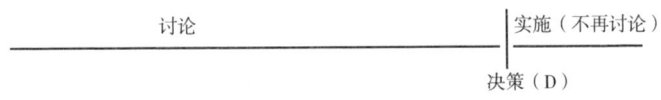

图 5-1

在一致同意的文化中,决策可能需要相当长的时间,因为每个人都要被询问意见。但是,一旦做出决定,执行就相当迅速,因为每个人都已经完全接受了,而且这个决定是确定的、不可更改的——我们可以说,这是一个带有大写字母 D 的决定(Decision)。因此,做出决定的时刻作为过程中的关键点,需要相当严肃地对待。

相比之下,在自上而下的文化系统中,决策责任被赋予个人。在这种文化中,决策往往很快、很早就由一个人(可能是老板)在过程中做出。但每个决策都是灵活的——这是一个带有小写字母 d 的决定(decision)。随着更多的讨论,新的信息出现,或者不同的意见浮出水面,决策可能很容易被重新考虑或改变。因此,计划需要不断修改——这意味着执行可能需要相当长的时间(见图 5-2)。

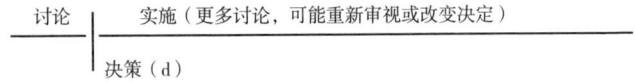

图 5-2

这两个系统任何一个都可以运行,只要每个人都理解并遵守游戏规则。但当两个系统发生碰撞时,误解、低效和挫折就可能出现,这从美国和德国客户在跨文化合作产生的抱怨中可以看出。

——一致同意还是自上而下:你更喜欢哪一个?——

正如我们所指出的,美国和德国都是决策量表的异常点。虽然美国落到了领导量表的平等主义末端,但是它似乎落到了决策量表上靠近自上而下的一侧。同时,尽管德国在领导量表上具有等级文化的特征,但是却具有一致同意导向的决策风格。除了这两种文化,以及我们将在本章后面介绍的另一种文化,大多数文化在领导和决策量表上都具有相似的位置(参见图5-3)。

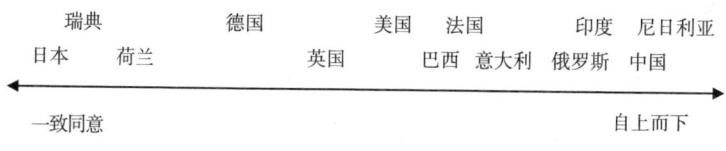

图 5-3

一致同意:决策是由协商一致的群体做出的。
自上而下:决策是由个人(通常是老板)做出的。

在今天的全球商务词典中,共识这个词自带正能量的光环。这听起来很包容,很现代,并且与其他普遍意义上积极的词语联系在一起,比如授权。因而,如果你的文化系统位于量表上一致同意的一侧,那么你会有一种民族自豪感,而如果你的文化系统落在自上而下的一侧,那么你会感到民族自尊心有一丝刺痛。

然而,当真正需要做出决策的时候,很明显,对共识建立过程的热爱完全不是普遍的。我第一次和一群瑞典人共事时就发现了这个真理——瑞典远远位于决策量表的左边。

在我第一次搬到欧洲后不久,我的新老板佩尔·英格曼介绍自己是一个典型的、喜欢建立共识的瑞典经理。他解释说,这是确保每个人都参与进来的最佳方式,他希望我对这一过程保持耐心。我喜欢那种声音,我很高兴有一个包容性强的上司,他仔细听取了员工的意见,仔细权衡了所有人的观点,然后才确认一个决定。

我们是一家小型咨询公司,工作量超出了我们的承受范围,我的同事,主要是年轻、精力充沛的瑞典人,为了达成目标并让我们的客户满意,他们每天长时间地工作。佩尔也很勤奋,精力充沛,我钦佩他轻松的团队管理方式——至少在我工作的头两个星期我确实是这么认为的。

那时,我收件箱里的电子邮件已经成堆了。一天早晨,我收到了这条消息:

嘿,队友们:

我想我们应该在12月6日举行一次面对面的年度会议了。我们可以把会议聚焦于如何以客户为中心。你们觉得怎么样?

佩尔

我想:"嗯,我对这次会议讨论什么没啥意见,而且我太忙了,没时间想太多。"我按下了删除按钮。但在随后的几个小时里,我的瑞典同事开始发送他们的回复:

嘿,佩尔:

真是好主意。谢谢你开了个好头。真的很期待。但最近我们花在关注以客户为中心上的时间很多了。把会议集中在如何更成功地推销我们的服务上不是更好吗?

拉塞

嘿，佩尔：

大家好！

对于这次会议，我认为最有效的方式是让每个团队成员都介绍他们各自的客户策略，这样我们就可以着手调整我们的流程。如果其他人不同意，那么我会支持拉塞专注于市场营销的想法。

夏洛特

我的同事们一个接一个地回复了他们的意见。然后还有更多回复其他回复的电子邮件。偶尔，佩尔会发个邮件插进几句评论。慢慢地——在我看来，真的很慢——他们开始达成集体共识。然后，除了我之外的每个人都发送了多个回复之后，我收到了一封私人电子邮件：

嘿，艾琳：

没有收到你的信，你觉得怎么样？

佩尔

我真的想回答说："我完全没有意见。你是老板——你来定吧，这样我们就可以继续干活了。"然而，我提醒自己，在佩尔告诉我他赞成协商一致的决策风格时，我曾是多么高兴。所以我只是回答说我支持团体决定的任何东西。

接下来的几周里，许多其他话题得到同样的对待，我意识到自己开始时的直觉是错误的。事实上，协商一致的决策方式根本不是我喜欢的工作方式。我也理解了为什么在开始合作之前，佩尔就觉得有必要这么细致地向我解释他的共识方法。他后来向我描述了作为瑞典人和"忙得没时间"的美国人共事的感觉，他们"总是为了决策而强行决策,不征求必要的意见以让其他人也买账"。佩尔所描述的那种人就是我。

佩尔协商一致的方式有很大的好处。团队成员的意见被认真倾听,在做出决定时,所有人都达成一致,所以执行起来很快。然而,从我自己自上而下的角度来看,我很乐意用集体同意来换取一开始决策的速度——由一个人做决定。

——日本的禀议制:等级主义但超越共识——

平等主义文化倾向于一致同意的决策过程,而等级文化倾向于自上而下地做出决策。正如我们所看到的,美国和德国是普遍模式的两个显著例外。但真正引人注目的例外是日本,尽管日本等级森严,但它是世界上最具共识性的文化系统之一。这种看似悖论的模式源于这样一个事实,即等级制度和共同决策都深深根植于日本文化中。

日本安斯泰来制药公司在英国和荷兰设有大型办事处。我为安斯泰来举办了系列研讨会,杰克·谢尔顿参加了一次,他讲了在试图与东京的高层管理人员共事时,自己遭遇的很多不幸的故事,让每个人都笑个不停。

"一种新产品存在一些问题,必须决定是否停止开发和测试。"谢尔顿解释说:

月底在东京总部召开了一次会议,我被邀请参加,因为我是这个问题的专家,而且这个决定将对我团队的工作产生重大影响。我非常强烈地认为测试应该继续进行,并且我努力工作了三个星期,准备好我认为非常有说服力的论点。所有主要参与者和决策者都将出席在东京举行的会议，因此我明白，在那几个小时内发生的事情将是至关重要的。我为会议准备了一些幻灯片，并要求在议程上给我一些时间来做演示。

当谢尔顿在炎热的8月抵达潮湿气闷的东京时，他是有备而来的。"我喜欢东京，从播放音乐掩盖如厕声并且按下按钮可以喷水洗净的搞笑马桶，到自动饮料售货机里多种口味的冰罐茶和咖啡。"他评论道，"但对于会议室里发现的文化差异，我并没有真正准备好。"

我发现自己在一个大型会议室里，有八位日本经理和两位非日本人，他们是安斯泰来的老员工。日本人优雅地欢迎我，鞠躬，递名片，面带微笑。每个人英语都说得很好——真让我松了口气，因为我只认识六个日语单词。

一位日本经理做了开场陈述，在演讲中，他提出了一个观点，然后就为什么要停止测试给出了结论。我感到其他人都同意他的意见。事实上，这个决定似乎已经在团队内完成了。我展示了幻灯片，仍然觉得我的观点会胜出。尽管他们很有礼貌，但很明显，日本的经理们百分之百联合反对继续测试。我提出了所有的论点，列出了所有的事实，但是这个团队是不会让步的。

我感到一阵沮丧，费了很大的劲才没表现出来。我花了这么多时间准备我的观点，飞越千里与这个团队会面，但是和他们的讨论却毫无效果。

谢尔顿恼怒地把这段经历详细地讲给我们听。由于有几个与会者是日本人，我请他们思考可能发生了什么，如果可能的话，向谢尔顿提出建议。

休息后,森作为日本与会者的代表提供了一个解释。"在日本,决策往往是由群体协商一致而非个人决定的。"森开始说。他接着解释了所谓的禀议制(日本传统的行政决策体制,扩展到企业,重要议题先由中、上级拟定禀议书,送有关部门传阅会签后,再呈报主管领导或上级机关裁决)决策系统,禀议制是一种管理技术,其中低级别的管理人员在向高级别的管理人员提议新想法之前,内部先彼此讨论并达成共识。

森这样说:

在讨论过程中,我们轮流传阅一个提案文件——禀议书,通常从中层管理者开始。提案传到每个人手中时,他们阅读,有时做出修改或提出建议,然后在上面盖上批准的印章。一旦某个层级的每个人都认可了,它将传递给上一个层级。

接下来高一级的管理者们讨论新的想法,并达成他们自己的一致意见。如果他们同意,就把批准意见传递到再高一个层级。这个过程一直持续到该想法达到最高级别的管理层并且付诸行动,或被叫停。正如你所看到的,禀议制是等级化的、自下而上的,同时也是协商一致的决策系统。

在禀议书的文件轮流传阅并收到每个人的盖章时,所有参与决策的人都有机会给出意见并达成一致。

在安斯泰来,禀议程序实际上是由专用软件程序管理的。禀议制经常被日本大型传统公司用于重大决策,即使不使用实际的制度,日本人组织的决策也常常遵循类似的过程,包括建议,从中级管理层开始，收集团队的一致意见，然后转交到上面一个层级进行讨论。最终的结果是责任分散给许多个人，而不是集中在一个或少数几个人身上。[2]

在日本公司成员签署一项提案之前，建立共识是从非正式的、面对面的讨论开始的。这个非正式的提出建议、获得输入信息和巩固支持的过程叫作根回，字面意思是"根部缠绑"。根回是一个园艺语，指的是移栽植物前对根部做的准备工作，以保护它们免受损害。同样，根回可以保护日本组织免受分歧或缺乏承诺及后续行动造成的损害。

一方面，以较长时间的协商一致为基础达成的决策，执行起来会更迅速。每个人都知道这个决定，大多数人都同意了，详细的计划已经完成。在不同的团体或公司参与进来时，漫长的决策过程会培养出更加强有力和信赖的关系。另一方面，禀议制的批评者认为，这种制度是耗时的，允许个别经理人逃避责任，而且到做出决定时，很可能已经输给了那些行动更快的人。"一些日本公司已经取消了这个制度。"森的一位同事解释说，"但是在安斯泰来，我们使用的是一个管理该过程的软件产品。"

谢尔顿说："我从这次经历中学到的是，如果我要影响东京总部的人，我需要很早地参与到讨论中，并在实际会议之前做好'根部缠绑'。我越早在决策过程中讨论这些问题，就越能产生影响。在协商一致产生了支撑后，我就很难再违背已经达成的群体决策。"

日本的禀议制集中体现了一种文化——决策需要花很长时间，因为每个人都要投入其中并建立群体共识。但是决策一旦做出，它通常是确定的，并且执行起来可能非常迅速，因为每个个体都参与其中，其结果是大写字母 D 的决策。

——决策时避免文化冲突——

一致同意和自上而下的决策过程可能都是有效的。但是，一个全球团队的成员常常基于他自己的社会观念对决策抱有预期，这导致他对团队中其他人的行为产生情感上的反应。更糟糕的是，我们大多数人甚至不知道在自己的文化中用来做出决定的系统是什么模式的。我们只是遵循这种模式而不去思考，这使得我们更加难以管理对替代方法产生的防御性反应。

首先，如果你与一群人共事，发现他们采用一致同意的决策方法，那么请你试着应用以下策略：

- 预计决策过程将花费更长的时间，并且需要更多的会议和信件。
- 在整个过程中尽最大努力表现出耐心和投入……即便有分歧意见导致出现没完没了的讨论。
- 定期与你的同事一起讨论，以显示你投入其中，并准备好回答问题。
- 在团队中培养非正式的关系，以帮助你监控决策过程。否则，你会发现在你没有参与的情况下，共识已经达成。
- 克制住推动快速决策的冲动。相反，关注收集到的信息的质量及其完整性，以及推理过程的合理性。记住，一旦做出决定，你就很难改变它。[3]

其次，如果你正在和一群更喜欢自上而下做决策的人一起工作，那么请你尝试使用这些方法：

- 不要像你习惯的那样，预计老板在很少讨论和征求意见的情况下做出决定。决定可以在会议之前、期间或之后做出，这取决于组织的文化和个人参与的情况。
- 即使你的意见没有被采纳，或者被推翻，也要准备好服从决定。即使最初的计划不是设计得最好的，也有可能产生一个成功的项目。
- 由你负责的时候，你要征求意见并仔细倾听不同的观点，但要努力快速做出决定。否则，你会发现自己被视为优柔寡断或无力的领导者。
- 在小组对于如何推进意见不合而分裂，或者没有明显的领导在场时，建议投票决定。所有成员都应该遵循大多数人支持的决定，即使他们本身不同意。
- 在整个过程中要保持灵活性。决策很少是固定不变的，可以在以后的时间里调整、重新审视，必要时再次讨论。

最后，如果你正在工作的全球团队中两种文化的成员都有，你可以通过在合作的早期阶段明确地讨论和商定决策方法来避免问题。经过团队讨论，来明确决策是通过团队表决还是由老板决定，确定是否需要100%同意，是否需要确定的最后期限，以及在最后期限之后有多大的灵活性来更改决策。当必须做出重大决定时，应重新审视决策方法，以确保团队的普遍理解和接受。

我们用这种方法使美国和德国的并购谈判重新步入正轨。整个小组花了一些时间来建立对美德决策系统在理解、习惯和观念方面差异的共同认识。每个人都被鼓励不要将自己的风格看得太重,这使得团队成员能够坦率地谈论问题、解决问题,没有剑拔弩张。

在随后的会议上,你可能会听到一位美国经理说:"太棒了!决定好了!"然后停下来澄清说:"这是一个小写字母 d 的决定,是的!我们仍然需要与同事们继续讨论,所以现在还不能开始执行决定!"一位德国经理可能会结束一个讨论,问道:"那么,我们同意这项决定了吗?它是小写字母 d 还是大写字母 D 的决定?"

文化分歧的双方讨论得越多,他们相互适应就越自然,也越喜欢一起工作。与跨文化合作相关的许多其他挑战一样,提高认识和开放式交流对化解冲突大有裨益。

6 大脑与内心：两种信任以及其发展

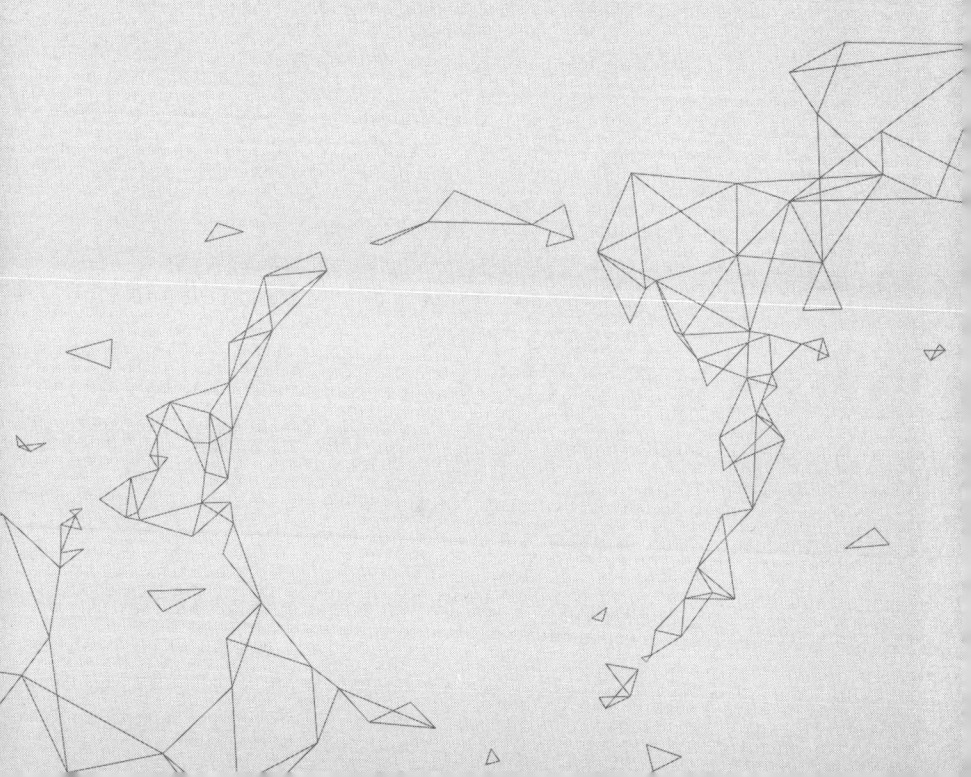

盖尔道集团在巴西家喻户晓,它是由德国移民乔·盖尔道创建的。作为世界第十四大钢铁制造商,它在包括美国和印度在内的十四个国家开展业务。乔·盖尔道1869年移居巴西南部,1901年在阿雷格里港买了一家制钉厂。他把生意交给了儿子雨果·盖尔道,后者又在1946年把它传给了女婿柯特·约翰彼得。

最近,我与一群盖尔道的高管合作,从掌管盖尔道巴西团队讨论组的玛丽娜·莫尔兹和与她对接的美国的吉姆·鲍利那里听到了盖尔道最新一宗并购案背后的有趣故事。收购是成功的,但道路充满了曲折。

"会议开始得很好。"莫尔兹说。她是一个精力充沛的女人,穿着优雅的米色裤子套装。"我们前往密西西比州的杰克逊维尔,吉姆的团队非常友好地欢迎我们。当天早上,我们就开始谈业务上的事了。"经过三天紧张而艰难的谈判,小组按议程稳步推进,订了三明治当午餐,整天只做短暂的休息。每晚七点左右,疲惫不堪的小组分开,美国人回家,巴西人回旅店休息。

两天结束后,美国团队对他们所取得的成绩感到高兴。他们认为,讨论是高效且富有成果的。短暂的午餐和紧张的安排意味着尊重巴西人为谈判所做的准备和投入的时间。然而,巴西人却不那么乐观,他们认为会议没有像预期的那样顺利。"尽管我们在一起相处了两天,但我们不知道是否可以信任他们。"莫尔兹解释说,"他们确实组织有序,办事效率高。但我们不知道在那些讨论之外他们是什么样的人。我们不相信美国人会兑现他们的承诺,我们不知道他们是否会成为好的合作伙伴。"

鲍利即使坐在那里，似乎也比我们这些人高一头。他说："接下来，我带美国团队到巴西继续讨论。"虽然白天会议安排得很满，但吃饭时间仍然安排得很长——午餐时间通常远远超过一小时，晚餐则一直延续到深夜。巴西人借此机会与他们的美国同事共享美食、交流感情。"但是我们很不舒服。"鲍利回忆说：

第一顿午餐开始时，我们就频繁地看手表，在椅子上来回变换坐姿。我们很担心如何才能完成需要达成的任务。在这场社交马拉松过程中，我们感到困惑——巴西人是否真的严肃对待这些谈判。

美国人不明白的是，这些午餐和晚餐对巴西人来说象征着某些关键的东西。"对我们来说，这种午餐希望传递一个明确的信息。"莫尔兹解释道，"亲爱的同事们千里迢迢来和我们一起工作，我们想向你们展示我们的敬意——除了更深层次地了解彼此、发展个人关系和建立信任以外，即使这两天没有再做任何事情，我们也认为已经好好利用了在一起的时光。"

这两个群体的不适开始显示出美国人和巴西人彼此的信任感是多么不同。信任必然是所有国家商业中的一个关键因素，无论你是来自马来西亚山区的一个小村庄，还是伦敦摩天大楼上面有玻璃幕墙的公寓，如果你的同事、客户、合作伙伴和供货商不信任你，你就不可能成功。正如盖尔道的并购故事所揭示的那样，生意伙伴之间建立信任的方式，一种文化与另一种文化有显著的不同。

鲍利和莫尔兹设法完成了他们的交易，没有发现他们不舒服的根源。雀巢的卡尔·莫雷尔发现自己身处同样具有挑战性的境地，在与中国谈判建立合资企业时，他需要更明确的建议来提高自己的效率。

莫雷尔是来自瑞士德语区的收购专家,他领导了一个跨国食品巨头雀巢的谈判小组。该团队前往上海与一家中国包装食品公司探讨合资意向。

与8位中国高管的初次会晤对莫雷尔来说是一次令人费解的经历。他和同事们试图保持友好和直接的关系,给中方提供了其要求的所有商业细节,但中方似乎采取回避与保密措施。"他们针扎不透,意志坚定,不愿意在他们的要求上做任何让步。第一周是一场又一场的攻坚战。"莫雷尔回忆道。幸运的是,在令人沮丧的第一周之后,莫雷尔和他的同事们会见了一位中国商业顾问,他促使他们重新考虑谈判的方法:

我们联系中国顾问时,我们正处于绝望之中。我们花了几个月的时间寻找最合适的合作伙伴,飞了5000英里来到上海,花了整整一周的时间开会,但我们似乎没有取得任何进展。

顾问告诉我们,我们的方法是错误的,我们走得太快了。我们争辩说,我们做事一直非常细致、开放和有耐心。但顾问很清楚我们做错了什么。他告诉我们,除非与他们建立关系,否则不会从中国高管那里得到我们想要的东西。

关系?莫雷尔和他的团队从来没有听说过这个词。顾问解释说:

我的意思是,你应该花时间、精力和努力与他们建立个人联系,作为朋友从内心建立信任。暂时忘掉这笔交易,一起出去吃吃饭,喝点东西,放轻松,建立情感联系。先放开自我,交一个朋友,一种真正的朋友,那种你愿意让自己放下警惕的朋友。

莫雷尔和他的同事们听取了顾问的建议。一个周末的晚上,他们邀请中国同行共进晚餐，来自两个公司的不同层级的人聚在一起，晚会非常成功。"我们去了驳船上的餐厅。"莫雷尔回忆说：

有吉他现场演奏和大量来自中国天津的食物，食物由另一家公司的老板带来。这是一顿丰盛的晚餐，我们有充足的时间进行社交活动。我们专注于娱乐活动，不再谈论生意，团队成员相互敬酒以示尊重，并强调我们对开始长期合作都感到很高兴。餐厅里洋溢着笑声，我们也喝了很多酒。

我们在接下来的星期一重新开始了会议，中方的合作意愿发生了很大变化。他们非常热情和开放，我们开始像一个团队一样工作。在中国的第二周，我们取得了很大的进步。

瑞士人和中国人都认识到了信任在商业关系中的重要性，但他们对如何建立信任却做出了非常不同的无意识假设。

——信任来自大脑，信任来自内心——

快速列出五个或六个你信任的来自不同领域的人。该列表可以包括像母亲或配偶这种与自己有私人关系的人，也可以包括业务伙伴、客户或供应商。然后考虑一下你对每个人的信任是如何建立的、什么事让你信任他们。

你可能会注意到，你对一个人的信任类型与你对另一个人的信任类型有很大的不同。差异是复杂的，简单来说，可以区分为两种形式的信任：认知信任和情感信任。

认知信任是基于你对他人成就、技能和可靠性而产生的信任，这是来自头脑的信任。它通常是通过业务互动建立起来的：我们一起工作，你工作得很好，并且通过工作证明你是可靠的、令人愉快的、表里如一的、智慧的和坦率的。结果：我信任你。

情感信任则源于感情上的亲密、同情心或友谊等，这种信任发自内心：我们一起欢笑，一起放松，在个人层面上相互看重对方，这样我就能感受到对你的情感与共鸣，你对我的感受也一样。结果：我相信你。

在全世界，友谊和个人关系都建立在情感信任之上。如果要考虑为什么你信任母亲或配偶，你可能会用与情感信任有关的描述性话语解释。但是在商业关系中，信任的来源有点复杂。

哈佛商学院教授蔡泳瑜对来自不同行业的中美经理人进行了调查，要求他们列出多达24名来自工作场所内外的职业网络中的重要成员。然后，他要求参与者指出，跟这些联系人分享个人问题和困难，以及希望和梦想的时候，他们感到舒服的程度。"这些项目表现出人们情感上的依赖和对他人展示脆弱的意愿。"蔡解释道。最后，他要求参与者说明在何种程度上可以依赖联系人完成他们的任务，以及他们完成任务所具备的知识和能力。这些项目使人们获得了一种基于认知的依赖他人的意愿。[1]

调查显示，美国和中国受访者彼此存在显著差异。蔡发现，商业中的美国人在认知信任和情感信任之间划出了一条清晰的分界线。"鉴于文化和历史原因，这一发现是有意义的。"蔡解释说。美国有"长期的现实和情感分离的传统。混淆两者被认为是非职业化的，有利益冲突的风险"。

中国的管理者则将两种形式的信任联系起来。正如蔡所说，在中国的管理者中，情感信任和认知信任有着更强的相互作用，不像美国人，当还存在商业或金融关系时，中国经理人很有可能发展出个人关系和情感关系。结果就是，对于一个与美国人共事的中国人来说，基于文化背景将认知信任和情感信任分离开，可能意味着缺乏诚意或忠诚。

在一个研究项目中，我和我的合作者沈怡一起工作，我们采访了35岁的中国销售经理任京。任京很惊讶地发现，在美国工作时，人际关系没有多大意义。"在中国，"任京说，"如果我们共进午餐，我们就可以建立一种促进共同工作的关系。但在休斯敦，情况并不是这样。"

在健身房遇到杰布·鲍伯科时，任京并没有想发展友谊。

我正在划船机上锻炼，我问他几点了。我们开始交谈，我得知他正在为即将到来的为期一个月的中国之旅做准备。

我们第一次接触时感觉很好，他好几次邀请我到他家和他的妻子、孩子们共进晚餐，我也回请了他。我很了解他和他的家人，我们建立了良好的关系。

碰巧，他的公司里有我们的潜在客户，不得不说，起初我认为这是一次很好的运气。但当我们开始讨论我们两家公司将如何合作时，我惊讶地发现杰布想要仔细查看合同的每个细节，谈起价格来就像我是陌生人一样。他对待我的方式，就像我们之前根本不认识一样。

在任京的文化中，个人信任从根本上改变了双方进行商业合作的方式。相比之下，美国经理人会齐心协力地确保人际关系不会影响他们的业务往来——事实上,他们常常故意限制与他们在经济资源上比较依赖的人的感情的亲密程度。

毕竟在美国或瑞士等国家,"生意就是生意",在中国或巴西等国家,"生意就是做人"。

——基于任务型与基于关系型文化——

当然,中国和巴西并不是唯一的在商业关系中将情感信任和认知信任混合在一起的文化系统。在信任量表上,国家按照从高任务型到高关系型排列(图6–1)。

美国 丹麦 德国 英国 波兰	法国 意大利 墨西哥 巴西 沙特阿拉伯
荷兰 芬兰	西班牙 俄罗斯 泰国 印度
澳大利亚 奥地利	日本 土耳其 中国 尼日利亚

基于任务型 ←————————————————→ 基于关系型

图 6–1

基于任务型:信任是通过与业务相关的活动来建立的。根据实际情况建立和终止工作关系都很容易。你工作一贯很出色,你是可靠的,我喜欢和你一起工作,我相信你。

基于关系型:信任是通过共享美食、一起喝酒、拜访时喝点咖啡等建立起来的。工作关系是在长期工作过程中慢慢建立起来的。我在深层次看清了你是谁,我与你分享了我的私人时间,我知道其他人也很信任你,我相信你。

一种文化越远地落在量表上基于任务型一端的末尾,该文化的人就越倾向于将情感信任与认知信任分开,并且主要依靠认知信任来处理工作关系。一种文化越是落在量表上基于关系型一侧,该文化的人处理事务时就越会有更多的认知信任与情感信任交织在一起。

当你看信任量表时，你会看到美国位于量表的最左边，而金砖四国（巴西、俄罗斯、印度和中国）则都位于量表的右边。谈到建立信任，全球商业的重心在过去15年里已经发生了根本性的转变。以前，从事全球业务的经理们可能觉得自己被迫以更加美国化的方式工作，因为美国主导了世界大多数市场。因此，以任务为基础的方式建立信任是国际合作成功的关键之一。但在当今的商业环境中，金砖四国文化正在崛起并扩大其影响力。同时，南半球的国家如印度尼西亚，以及沙特阿拉伯，其全球影响力也正在增长。所有这些国家都处于信任量表的基于关系型一侧。今天，如果你是一个旨在国际层面上取得成功的经理，你的工作将带你进入金砖四国或南半球的任何地方，你必须学会如何与客户和同事建立基于关系的信任，只有这样，你才能获得成功。

想到那些经常在北美工作的人，你可能会怀疑美国位于信任量表左边的准确性。美国人真的是基于任务型的吗？怎么看待美国人喜欢与客户共进早餐、一起郊游，进行团队建设，以及搞那么多美式培训项目和会议中的破冰活动呢？难道这些不能说明美国人和巴西人、中国人一样是基于关系建立信任的吗？

并非如此。回想一下那些破冰活动——那些两到三分钟的交流，旨在为完全陌生的人"建立一种关系"。活动完成后会发生什么？一旦建立了关系，参与者就完成了清单上的一个环节，然后开始做生意——在程序的结尾，快速建立的关系通常也会同样快速地被丢弃。

在美国、英国和澳大利亚等基于任务型的文化系统中，关系被定义为具有功能性和实用性的。进出关系网络相对来说比较容易，如果一个业务关系证明对双方来说都不令人满意，那么结束这段关系并进入另一段关系是很简单的事情。

相比之下，在基于关系型的文化系统里进行破冰练习是很罕见的。关系的建立是缓慢的，不仅仅建立在职业可信度的基础上，还建立在更深的情感联系上——关系一旦建立后，就很难被抛弃。

举个例子，考虑一下当老板解雇你团队的某个成员时会发生什么。他不再是你公司的一员了，你还会继续与这个被解雇的人保持关系吗？对这个问题的反应在不同的文化中有很大的不同。

一位在美国公司工作的西班牙高管告诉我：

在我们的一个团队成员失去工作时，我简直无法相信美国同事们的反应。那个家伙今天还是我们的朋友，明天就在我们的生活中消失了。我问我的队友——我尊敬他们所有人——"我们什么时候为他开个派对，和他见面喝喝酒，告诉他，他还在我们心中？"他们看着我，好像我有点疯狂。他们似乎觉得，因为他表现不佳，我们就可以把他推下船，假装我们从不关心他。对于西班牙人来说，这是一件难以接受的事情。

如果一个西班牙经理觉得美国人的态度很奇怪，那么一个中国经理很可能觉得美国人的态度不可思议。约翰·特罗特是加拿大人，在药品行业工作，住在上海，他解释说："在中国，商业关系也是人际关系。忠诚度是对个人的，而不是对公司的。如果有人离开公司，其个人关系还可以继续维持。"

对于管理中国团队的人来说，个人关系的影响是立竿见影的。如果你解雇一个销售人员,与他有关系的客户也可能选择离开。同样地,如果你解雇一个与其团队成员有强烈情感关系的销售经理,团队里最好的销售人员很可能会跟着他去新的公司。

美国人对解雇的反应方式,与基于关系型文化系统人的反应方式之间的差异,揭露了这样一个事实:实际上,美国是高度基于任务型的国家——不管他们在会议或研讨会上做了多少"建立关系"的练习。

——桃子与椰子:友好不等同于关系——

就像大家很容易误解的破冰活动一样,美国人的某些社会习俗也很容易令人误解,这些习俗可能暗示着强烈的个人关系,但并非有意的。例如,美国人比其他文化的人更有可能对陌生人微笑,并与他们几乎不认识的人讨论个人问题,其他人可能把这种"友好"解释为友谊的表示。后来,在美国人没有兑现这种无意表示的情感后,其他文化的人常常指责他们"虚伪"或"伪善"。

我的俄罗斯同事伊戈尔·阿佳波瓦讲述了他第一次来美国的故事:

我乘坐9个小时的航班去纽约,在飞机上我坐在一个陌生人旁边。这个美国人开始问我一些非常私人的问题:你有孩子吗?这是你第一次来美国吗?你在俄罗斯留下了什么?他也开始分享自己非常私人的信息。他给我看了他的孩子们的照片,告诉我他是一个贝斯手,并谈到了他的频繁旅行对妻子来说是多么痛苦,因为她要在佛罗里达州照顾刚刚出生的孩子。

作为回应，阿佳波瓦开始做一些对他来说并不自然的、在俄罗斯文化中不寻常的事情——他非常热情地与这个友好的陌生人分享了他的个人故事，并认为他们在短时间内建立了不寻常的深厚友谊，但后续的事情令人失望：

我想在这种联系之后，我们会成为朋友，并且保持长久的友情。飞机降落后，在我想伸手拿一张纸写下我的电话号码时，我的新朋友站起来友好地挥手说："很高兴见到你！祝你旅途愉快！"就这样，我再也没见过他。我感觉他是故意欺骗我，让我敞开心扉，因为他无意维持他所建立起来的关系。

库尔特·勒温[2]是最早解释个人性格部分由文化系统塑造的社会科学家之一。作家冯·特姆彭纳斯和查尔斯·汉普顿-特纳后来扩展了勒温模型，以解释不同的文化是如何拥有不同层次的信息，而这些信息是公开暴露的，或是为私人关系保留的。[3]这些模型经常被称为人际关系互动中的桃子模型与椰子模型。

在美国或巴西等桃子文化中，人们倾向于和刚认识的人表示友好（"软的"）。他们经常对陌生人微笑，迅速地称呼对方的名字，分享自己的信息，向那些他们几乎不认识的人提私人问题。但是在和桃子文化的人进行了一些友好的互动之后，你可能会突然遇到硬壳的困境，这是桃子在保护着他们真实的自我。在这些文化中，友好并不等于友谊。

我在巴西举办一个工作坊的时候，有一位曾经在里约热内卢生活了一年的德国参与者解释说：

这里的人很友好，真是难以置信。你可能只是要买食品或者过个马路，人们问你问题，谈论他们的家庭，他们不断地邀请你去喝一杯咖啡，或者暗示第二天他们想在沙滩上见到你。起初，我很高兴收到这么多友好的邀请。但没过多久，我发现所有邀请我去喝咖啡的人总是忘记告诉我他们住的地方，那些总是提议我们改天在沙滩上见面的人也从来没有履约。

在我生长的明尼苏达州，我们在很小的时候就学会了对刚刚遇到的人慷慨地微笑，这是桃子文化的一个特点。一位和我家人一起到访这里的法国女人被明尼苏达州的"桃性"震惊了。"这里的侍者总是微笑着问我今天过得怎么样，他们甚至不认识我，这让我感到不适和怀疑。他们想从我这里得到什么？我紧紧抓住钱包。"

像我这种来自桃子文化的人，刚来到欧洲生活时，同样感到吃惊。我友好的微笑和私人的评判得到的是波兰、法国、德国或俄国同事冷冰冰的礼节。我把他们冷漠的面孔当作傲慢甚至是敌意的表现。

在椰子文化中，人们对那些没有友谊关系的人更加封闭（像椰子坚硬的外壳）。他们很少对陌生人微笑，不随意问陌生人私人问题，也不向没有亲密了解的人提供私人信息。你需要经过一段时间才能穿过最初的硬壳。一旦你穿过了，人们会变得越来越友好。虽然在椰子文化中人际关系建立得很慢，但往往会持续更长时间。

如果你去椰子文化的国家旅行，所拜访公司的接待人员不会问你："这个周末你做了什么？"第一次给你剪发的理发师不会问你："一个美国人嫁给了一个法国人？你是怎么认识你丈夫的？"如果你是一个在椰子文化系统旅行的桃子，要注意俄罗斯谚语："如果我们在街上看到一个微笑的陌生人，我们肯定地知道那个人是疯子……或者是美国人。"如果你走进莫斯科（或贝尔格莱德、布拉格，甚至慕尼黑和斯德哥尔摩）的某个房间，发现一群神态庄严的经理在努力地聊天，不要把这当作该文化不重视建立关系的标志。相反，随着时间的推移，通过建立良好的个人关系，椰子型的对方会成为值得信赖、忠诚的合作伙伴。

当然，关键在于不同的文化有不同的社会暗示，暗示着与陌生人的恰当行为，而不是暗示着真正的友谊正在发展。来自基于任务型文化和基于关系型文化的人可能都会对陌生人很和蔼，但是这个特征本身并不象征着友谊或情感关系。

——跨越文化分歧，构建信任的策略——

作为一般的经验法则，投入额外的时间发展基于关系型信任的方法，在与来自世界各地的人合作时将获得回报，即使你们都来自基于任务型文化的系统，比如美国和德国，这也是事实。一旦建立了情感关系，化解你所犯下的文化失误就容易多了。所以，当你在国际公司工作时，无论你和谁一起工作，花更多的时间建立情感信任是个好主意。但确切地知道如何建立情感信任可能并不总是那么简单。

在信任银行放入存款的有效方法是建立共同利益。来自奥地利的沃尔夫冈·施瓦茨在俄罗斯工作了 20 年，他用这种简单的方式与人交往，取得了巨大的成功。"我退休离开莫斯科时，"他说，"我被一个年轻的奥地利同事彼得·盖吉纳特代替了，他在奥地利有着非凡的履历，但对奥地利以外的人如何工作一无所知。他基于任务型的方法在奥地利来说是有效的，但根本不适合在俄罗斯使用。"

盖吉纳特努力工作了几个月，想与潜在客户达成一笔有吸引力的交易。他花费了无数时间来准备出色的提案，并且出价慷慨。然而，客户拖住了他的脚步，整个过程进行了6个月，他的兴趣似乎正在减退。此时，考虑到施瓦茨在俄罗斯这么多年的成功经历，年轻的盖吉纳特打电话给施瓦茨，征求他的意见。

施瓦兹来到莫斯科，直接与客户见面：

我见到他时，我首先注意到的是他和我年龄相仿——我们都有一头白发。所以我谈到了我的家人，我们花了半个小时谈论我们的孙子和孙女。然后我注意到他桌上有一架战斗机的模型，我也曾在军队上开过飞机，我认为这是一个难得的机会。接下来我们花了一个小时的时间谈论各种军用飞机之间的差异。

在这个时候，俄罗斯客户示意说他必须离开。但他邀请我那天晚上和他一起去看芭蕾舞。事实上，我不喜欢芭蕾舞。但我可不是傻瓜，当这么好的一个机会来临时，我抓住了它。舞会进行得很顺利，最后我和客户还有他妻子喝了一杯。

第二天上午10点，施瓦茨再次会见了客户。客户说："我已经看过你的提议，我理解你的情况，同意你的条件。我必须找别人来签合同，但如果你今天想坐飞机回奥地利，我今天下午会把签好的合同传真给你。"周一早上，施瓦茨回到他在奥地利的办公室，200万欧元的首付款已经打到了他的账户里。施瓦茨用基于关系的方法在24小时内完成的工作，比他的基于任务的同事在6个月里完成的工作都多。

你可能会抗议说施瓦茨相当幸运,他只是碰巧与俄罗斯客户有几个共同点,从孙子到战斗机。事实上,施瓦茨在关上他的账户时,他大声喊道:"是我的白头发救了我!"施瓦茨之所以发现了这些相似之处,是因为他在寻找它们。

如果你正在和基于关系文化的人共事,建立个人关系的机会不会自己跳到你面前,那么就花点力气去寻找——正如意大利的阿尔贝托·盖亚尼在印度孟买与一群年轻的软件工程师一起工作时所发现的那样。

"我想象不出我们有什么共同点。"盖亚尼告诉我,"根据过去的经验,我很清楚,为了有效地管理一个印度团队,与印度人建立良好的关系绝对是关键。"但是盖亚尼面临两个挑战:较大的挑战是事实上他因为预算削减而不能出差;较小的挑战是他的个人背景与印度团队成员有显著的不同。正如盖亚尼解释的那样:

我今年46岁,有4个孩子。我的业余生活是做家务、换尿布,周末去奶奶家,但我最爱的是音乐。我在车里的时候,在淋浴的时候,甚至在工作的时候都在听音乐。古典、摇滚,任何你提到的音乐都听。所以我突然想到,为什么不使用印度流行音乐来建立个人关系呢?

我用谷歌搜索了"印度什么流行音乐最火",然后花了两个小时听视频网站上最流行的歌曲,感受了旋律和节奏。我把我最喜欢的歌曲的链接发送给印度同事。"你们知道这首歌吗?"我问他们,"你们像我一样喜欢这首歌吗?"他们响亮地回答:"不,我们不喜欢那首歌,你在开玩笑吧?""这是我12岁的妹妹最喜欢的歌!你可以做得更好!"其中一个人告诉我。然后他们给我发送了他们喜欢的歌曲的链接。我和他们有了一次很棒的对话,聊了我们大家都感兴趣的事情。

盖亚尼调查哪些歌曲是孟买的热门,在无形中取得了效果。正如他所说:"我有很多与印度员工共事的经历,如果你不和他们建立良好的个人关系,即使整个项目已经到火烧火燎的阶段了,他们还会告诉你一切都好。"一旦建立了关系,忠诚和信任随之而来。

盖亚尼的例子之所以特别有说服力,是因为他在不能与员工会面的情况下设法做了许多建立关系的工作。这当然是我们许多人今天要面对的现实。当我们与地球另一面国家的人一起工作时,我们对他们的文化背景知之甚少,这使得关系的建立更加困难,但其重要性丝毫不减。

——展示真实的自我:关系就是契约——

设想一下这种情况:你正在出差,在一整天的正式会议结束之后,一个潜在的客户邀请你出去吃饭。随着饮料上来,美味佳肴的香气飘出厨房,你感觉如何?

你小心地保持着职业化的镇静。你想要确保自己不喝太多,避免放松戒备,留下坏印象。你是友好的、细心的,并试图与客户建立关系,但任何时候都小心地展现出自己最好的一面。

或者:

放开点。你一整天都在忙于业务——现在是时候去找点乐子、发展友谊,表现你在商务环境之外的人设,去了解他人工作之外的形象了。你与客户举杯共饮,敞开心扉,毫无顾虑地放松下来。

由于我的生活背景是基于任务的,所以在美国工作的头几年,我的假设是第一种情景——谨慎——是最合适的。我坚信,在任何对我事业成功能够有帮助的人面前,不仅包括客户,还有同事和其他伙伴,我都应该尽可能展示出最好的一面。那个古怪的、健忘的我,那个喜欢丢钥匙、在餐馆里忘了带钱包的我,更不用说那个喜欢搞笑、爱吵闹的我了,都应该留给家人和朋友看。

但是时间和经验教会了我,第二种情景,展示非职业化的自我,通常是与基于关系文化的人共事时更好的选择。我最初是在与西班牙石油巨头雷普索尔合作时领会到这一教训的。里卡多·巴托洛梅在得克萨斯办事处的一个全球团队工作,给了我这些有价值的见解:

我发现,与美国人共事困难的原因之一是,虽然他们都很友好,有时好得令人吃惊,但在一段商业关系里他们不会让你知道他们真实的样子。他们在政治上不敢抱怨或表现出负面情绪。

在西班牙文化中,我们对保持真实比较重视,我们认为美国人不是真实的。你可以和美国的供应商一起工作多年,听到他生活的一切事情,但所有的一切都被积极地包装起来,我们欧洲人对此感到难以理解。

我的同事们认为美国人肤浅又虚假,但我不这么认为。我认为他们只是非常小心地不向商业伙伴展示他们真正的自我。在任何情况下,我们都很难信任他们。

巴托洛梅的评论让我想到与商业熟人的互动中保持职业风度的负面影响。对我来说，另一个促使我认知发生转变的原因是和泰德·克鲁纳的谈话，这个美国人经常去拉丁美洲工作。克鲁纳抱怨道：

墨西哥的旅途让我精疲力尽。在一天漫长的会议之后，我们来到一家餐馆，然后出去喝点饮料。我可以坚持一个小时，或者一个半小时，但是晚上时间拖得越来越长。他们一边喝酒一边笑，玩得真开心……但我觉得头都要撞到桌子了，我再也不能集中精力了。

我很同情克鲁纳，在和拉丁美洲的生意伙伴度过的晚上，我也曾有过同样的感受。但思考了他的话后，我认识到了自己并不真正了解的东西。克鲁纳在参加完一夜的聚会后感到精疲力竭，因为他"再也不能集中精力了"。但是当他们走进餐厅时，那些基于关系的同事们已经把注意力放在食物上了。

在这种情况下，最好的策略就是融入集体。在墨西哥这种基于关系的文化系统中工作时，在你从会议室切换到餐厅或酒吧的那一刻，你就要表现得好像你和最好的朋友开始夜生活一样。不要担心说错话或做错事，做你自己——个性化的自己，而不是业务上的自己。敢于表现出来你没有什么可隐瞒的，信任——可能也有业务——就会相伴而来。

当然，专注于保持职业化不是基于任务型的人难以适应基于关系型文化的唯一原因。

建立情感信任是需要投入大量时间的。一位丹麦石油经理最近搬到了尼日利亚拉各斯，用他的话来说就是："谁有时间？我们当然知道在尼日利亚建立关系是关键的，但我很忙。如果我花时间和精力与尼日利亚供应商建立情感信任，我根本就没时间去完成我的工作。"

这是一种可以理解的抱怨，它提出了一个显而易见的问题：为什么在尼日利亚、印度或阿根廷等文化系统中的人花那么多时间来建立关系？仅仅是因为他们工作效率低下或喜欢社交吗？

事实上，尤其是在新兴市场工作时，投资于建立情感关系有着非常明确和实际的好处，这让我们获得信任，并创造商业价值。

假设你是一个做女式钱包设计的丹麦企业主，你要把200个钱包批发给哥本哈根一家刚刚开张的商店。你给零售商钱包，他答应下星期付给你钱，你怎么确保你会收到钱？

当然，答案是店主签署了一份承诺支付给你钱的合同。如果他不付钱，你可以把他告上法庭。在具有一贯可靠的法律体系的文化系统中签署协议，使得与不信任甚至不认识的人做生意变得更容易。

现在想象一下同样的情形，这次你是尼日利亚人，在拉各斯设计女式钱包。尼日利亚的法律体系不像丹麦、英国和美国的那样可靠。你可以签合同，但是如果零售商不付款，就没有办法强制执行。

唯一能让你在尼日利亚这样的国家有保障地收到款项的方式就是你对他人的信任。也许店主和你兄弟做过多年的生意，你兄弟可以为他担保；也许你和他的堂兄弟或密友一起在其他项目上合作过；也许你有时间亲自认识他，而你确定他是值得信任的，等等。你相信你可以和店主做生意，因为你和他（直接或间接）的关系有一个安全网，它取代了发达国家的法律制度的作用。

出于这个原因，从长远来看，投入时间建立信任通常会节省时间。在某些具有稳固法律结构护佑的关系型文化系统中，例如日本和法国，类似的思维方式也存在。

所以，如果你发现自己对关系型文化感到困惑，"为什么我要花那么多时间与潜在客户吃饭和社交？为什么我们不能着手业务、签个合同呢？"记住，在许多文化中，信任关系就是你的契约，你不能忽略它。

——仔细考虑用餐：午餐可能是你的通行证——

在与来自其他文化的人合作时，你怎样安排和进行你们的午餐和晚餐，可以传达大量的信息——经常是无意的，正如我从吉列尔莫·努涅斯发来的电子邮件中了解到的，他是一个全球葡萄酒经销商的阿根廷高管。

去年，我有一次奇怪的经历。我和一些同事拜访挪威的一个桶装葡萄酒客户，我给这些挪威人介绍了我们在阿根廷的办公室，并解释了我们的集装箱船穿过峡湾时遇到的挑战，在那时，我认为访谈进展顺利。

然后一个挪威人打断了我，非常有礼貌地通知我，他们已经订了一些三明治和饮料，就在会议期间吃。我真的很惊讶，这表示他们对我说的话不感兴趣。在我横跨拉丁美洲30年的工作经历里，从未有过类似的事情发生在我身上。

我不知道接下来该怎么办。他们显然对吃三明治更感兴趣，但我应该继续讲话吗？我确实做完了展示，但在他们吃午饭的时候讲话，我觉得很愚蠢。

会议结束后，我和挪威的同事谈到了这个灾难性的时刻。他告诉我，这种情况很正常，是我误会了。他解释道，挪威人经常这样做，只是为了最优利用时间。他说，这是尊重我们时间的标志，他们希望有效地投入时间。

努涅斯认为挪威的同事实际上只是想安慰他，直到他参加了一个我主持的关于跨文化信任建设的项目，他才发现午餐时间的灾难实际上只是一个错误理解信号的例子。

好消息是，改善信任的策略非常简单，通常你只需要对你的期望和行为进行一些小的调整。

如果你来自一个基于任务型的社会，接待一个来自基于关系型社会的人，最好花更多的时间和精力组织大家一起吃饭。在这顿饭中，花点时间了解你的合作伙伴好过只谈论生意。如果你正在访问一个来自基于关系文化的人，不要误以为长时间的午餐是浪费时间。你要利用这段时间来建立个人关系和一点情感上的信任，它最终可能会成为商务旅行中最重要的部分。

对于那些来自基于关系型社会的人而言，接待来自基于任务型的客人时不必把共同的社交活动丢在一边。去组织一顿花费一个小时的午餐，他们肯定会很感激你。但是如果这顿饭有可能延长到90分钟或更长时间，你要事先解释一下。晚上可以自由地邀请你的任务型同行外出，但如果其中一位选择回酒店休息或者补上几封电子邮件，不要介意。在任务型文化中，这是一种正常的形为。

在几乎所有的文化中，共同进餐是一件建立信任的有意义的事情。但在一些文化中，共饮一杯同样重要，尤其是酒精饮料。

有一次，我在日本文化专家弘树的帮助下，为一对移居日本的德国夫妇进行了一次项目培训。德国人问弘树如何能够让他的日本同事告诉他真实的情况："他们是如此的拘谨和安静。我担心，如果我不能建立必要的信任，我不会从他们那里得到我需要的信息。"

弘树静静地想了一会儿，然后眼睛里露出一丝幽默，回答说："最好的策略就是和他们一起喝酒。"

"喝酒吗？"德国客户问。

"是的，直到喝倒。"

弘树这样说时，我回想起我第一次乘坐东京地铁时的情景，当时我看到好几群日本生意人在经过了整晚的社交活动后，步履蹒跚地回家。我现在意识到他们是像弘树建议的那样行事的。

如果你从信任量表上来看日本，你会发现这是一个基于关系的文化系统，尽管不像中国或印度那样靠近量表的右侧。白天，日本人通常采用基于任务的方法工作——但是晚上进行的关系建设活动对于商业成功至关重要。

在日本文化中，群体和谐和避免公开冲突是压倒一切的目标，喝酒创造了机会，可以让你彻底放松一下，表达你的真实想法。喝酒是一个很好的机会，可以分享你真实的内在感受，以及识别哪里可能酝酿着不好的感情或冲突，以便在它们造成问题之前努力解决掉。在任何情况下，前一天晚上的讨论都不应该在第二天再提起。因此，饮酒在日本是一个重要的拉近关系的仪式，不仅是跟客户，在自己的团队中也是如此。

许多日本人用喝酒来建立关系，正如双语词饮通（nocommunication，日语饮与英文沟通的合成词），它源于日语动词饮（nomu）。日本的销售人员经常通过喝酒来讨好客户，他们知道，虽然在这种社交活动中不会形成正式交易，但是没有它，就很少能赢得交易。当然，通过喝酒来建立信任不仅仅是日本人的习惯。在整个东亚，不管你是在中国、泰国还是韩国工作，和客户及合作者一起好好喝上一杯都是建立信任过程中的通用步骤。

许多来自基于任务型文化的人不理解，他们困惑："为什么我要冒在那些我需要去打动的人面前出丑的风险呢？"但这是关键所在。你和一个生意伙伴喝了一轮酒，你对他显示出你没有什么可隐瞒的。在他和你"直到喝倒"时，他也向你显示出他愿意完全放下警惕。"别担心看起来愚蠢。"弘树这样安慰我们的德国经理，他已开始紧张地扭动双手。"你越愿意在晚上解除社交障碍，他们就越看重你，认为你是值得信赖的。"

酒精并不是建立商业关系的唯一途径。如果你不喝酒，你当然可以找到其他方式一起找些乐事。在日本，一场卡拉OK或一次温泉之旅都可以创造奇迹。在禁止饮酒的阿拉伯文化中，你可以忘掉啤酒，喝杯茶放松放松。

──选择沟通媒介：电话、电子邮件或者关系人──

在当今的全球商业世界中，并非所有的关系都可以提供面对面分享的机会，大量的信任建立必须远距离进行。大多数人在发送电子邮件或拿起电话时，并没有考虑过对方的文化背景。然而，当你需要与分散在全球各地的同事建立信任时，事先花一小点时间做出决策会有很大的帮助。

如果你和来自基于任务型文化的人一起工作，请选择最有效的沟通媒介，电子邮件、电话、面对面的会议都是可以接受的，只要信息传达得清晰明了。

但是，在你开始与那些来自基于关系型文化的人合作时，你首先要选择一种尽可能基于关系的沟通媒介，不是发送电子邮件，而是多做些努力拿起电话。更甚者，如果你有预算也有时间，就去一趟酒吧。不要把一天的时间都满满地安排在相关任务的会议上，也别想着晚上可以逃回酒店。你要安排好时间，以便在非正式的环境下尽可能多地交流。一旦你建立了良好的信任关系，你就可以使用基于任务的沟通媒介，比如电子邮件。

当你试图与一个你不认识的人建立联系时，使用电子邮件可能特别麻烦。在基于任务型文化中，给从未见过面的人发电子邮件是很常见的。然而，在基于关系型文化中，人们通常不会回复与他们没有关系的电子邮件。

如果你需要联系一个你不认识的人，建议你找阿拉伯语中所说的"关系人"（wasta，中间人，背后帮你的人。——译者注），它可以粗略地理解为"产生间接的联系""给你影响力的关系"或"你认识的人"。德纳·侯赛因是一位在欧莱雅工作的约旦经理，他解释了这个概念：

良好的信任关系是与阿拉伯人做生意时最重要的因素。如果你没有关系，不要突然给陌生人发电子邮件。利用你的网络找一个关系人——和你需要联系的人有关系的人,并请他打个简短的电话介绍一下你。朋友的朋友在帮助建立个人关系的第一步上,可以产生奇妙的作用。

如果你在发电子邮件前采用这种方法,你可能会迅速收到回复。

此外,无论是使用电话、电子邮件,还是面对面工作,在开始做之前,都要仔细考虑一下你花在社交沟通上的时间。

在几乎所有的文化中,在你打电话的时候,你很可能都要从一段社交性的谈话开始。文化与文化的不同之处在于谈话转到商务部分之前花了多少时间。一般来说,越是基于关系型文化的社会,任务之外的社交性谈话就越多。澳大利亚人可能会花一分钟左右的时间与同事进行个人谈话,墨西哥人则可能在开始做生意之前花几分钟在社交内容上。

在非洲和中东等强烈的基于关系型文化的许多国家中,社交性谈话和商业性谈话的天平可能严重地向前者倾斜。谢尔顿·布莱克在吉达港的沙特人中工作多年后,对此深有了解:

如果我需要和沙特阿拉伯的客户或联系人谈生意,我当天就会打个电话,只为了重新建立社会关系。如果我打电话来讨论生意,而我们有一阵时间没有聊过天,这会很尴尬,对方可能会觉得很突兀或不合适。我们好好地聊了一会儿,重新建立起了社会关系,几天后我可以再打电话介绍一下业务。这在沙特文化中被认为是一种尊重人的方式。

在你疑惑不定时,最好的策略是简单地让对方来决定个人聊天时间的长短。放松,站起来,开始打电话,想着在商务谈话开始前,你可能要多花几分钟的时间叙叙旧，然后让另一个人决定要聊多长时间，开启社交内容，忽略你的本能反应，倾听他们的暗示。

与电话一样，电子邮件中包含的社交内容的标准在每个文化系统中也不同。如果你来自一个社交内容常规化的文化系统，你基于任务型文化的同事可能会觉得你唠唠叨叨。如果你来自一个人们可以直接进入商业部分的文化系统，你的电子邮件可能会给人粗鲁甚至咄咄逼人的印象。就像你打电话时一样，听从别人的引导。研究表明，你越是模仿别人的电子邮件风格，你的合作者就越有可能对你做出积极的回应。[4]

亚罗斯拉夫·博考斯基是一位在法国跨国公司圣戈班信息技术部门工作的波兰经理，他给我举了一个简单而有效的例子来说明如何遵循这条规则。

我曾受邀去印度的一个会议上进行展示。我注意到，印度的组织者给我发电子邮件时，总会有一个简短友好而又正式的前言，比如"今天的问候。我希望这封邮件能使你身心健康"。在波兰，我们当然不会用这种风格写邮件，但我想："为什么不呢？"于是我就照着印度人的风格回复了。

在你们面对面工作时，在开始业务之前开展社交活动可能比通过电话或电子邮件交流更加自然。但是，在你忙着计划如何度过宝贵的时光时，了解什么时候该投入到长时间友好的讨论中去以及什么时候该着手谈业务才是关键。你可能认为停止闲聊可以节省几分钟时间，但后来才发现，因为没有事先建立适当的社会关系，你会浪费大量的时间。

我有一个有趣的例子可以说明这一点,那是在为纽约泛欧证券交易所的一群高级管理人员主持第一课时发生的。在我描述信任量表时,公司里最资深的女士之一莎拉·蒂本开始大声喊:"叮,叮,叮!"我转向蒂本,她用浓重的纽约口音说:

钟声在我脑海中回响。我刚刚明白了在过去两年里发生了好几次的事情。有几次,法国和葡萄牙办事处的经理请求在纽约期间与我进行一对一的会面,但他们到达我的办公室后,他们没有任何需要具体谈论的事情。经过一两分钟的社交性谈话后,我开始怀疑他们为什么想和我见面。有几次我问:"我能为你们做些什么?"他们回答说:"我只是想打个招呼,认识你,因为我们以后会一起工作。"

我尽量保持着热情。但我承认自己在暗想:"嗯,好吧,我在这里。如果你需要什么,尽管告诉我。如果你不介意的话,我需要打几个电话。"

后来,给巴黎的同事发电子邮件时,我经常有这样的经历:他们不回复我的电子邮件。因为我没有与他们建立关系。现在分析起来我意识到,不回复电子邮件的情况只有在我没有与那个人建立关系时才会发生。

蒂本笑道:"下次去欧洲旅行时,我会安排一些'只是为了了解你'的会议,看看会发生什么。"

蒂本很有可能发现,她致力于给她的欧洲同事安排"只为打招呼"的会议,将在下一次她有业务问题需要帮助解决时得到回报。信任就像保险一样——在需要产生之前,你需要先做一笔投资。

7 有效反对：是针不是刀

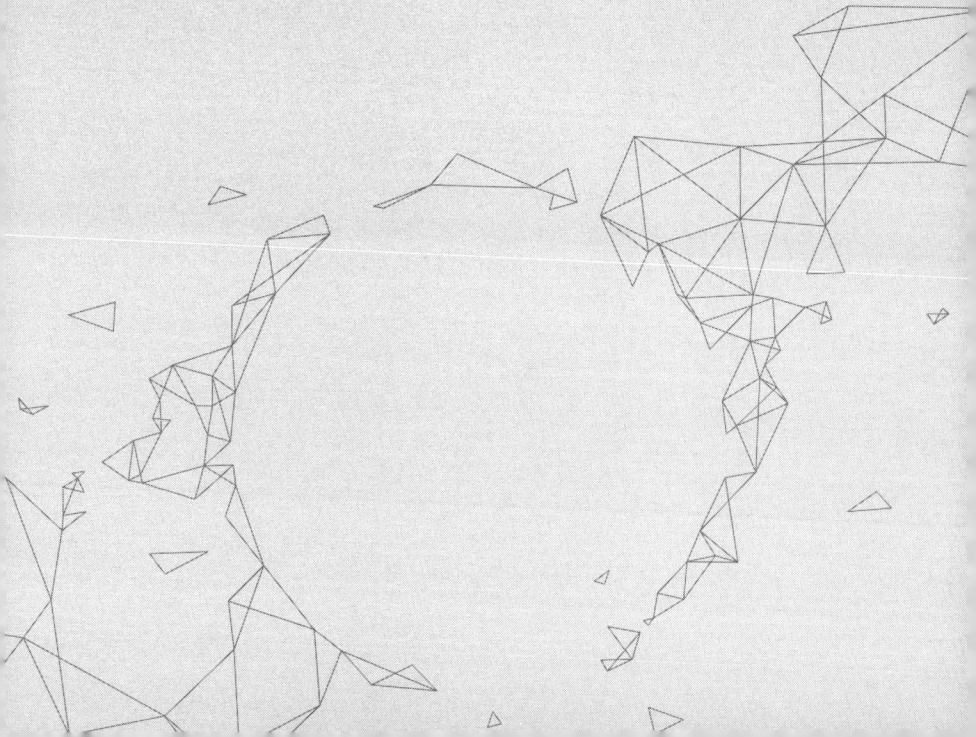

我童年的记忆之一就是和家人一起收听美国流行的电台直播节目,听加里森·凯勒尔的《牧场之家好做伴》。现在,每到周六下午,我从几百家国家公共广播电台仍能听到凯勒尔低沉的男中音,他温和地取笑明尼苏达州的人。

多年来,经常出现在凯勒尔节目中的滑稽小品的主角法国厨师莫里斯,他是虚构的伯夫咖啡馆的老板,他认为任何顾客都有可能成为言语争吵的伙伴。我最喜欢的桥段是凯勒尔打电话到伯夫咖啡馆预订位置,不料竟被莫里斯猛烈地盘问。凯勒尔会穿什么衣服?怎么确定凯勒尔的领带能与餐厅的壁纸相配呢?凯勒尔越是解释他的穿着风格,莫里斯就越是热情地发问和挑战。正是通过这些段子,我第一次认识到法国人根深蒂固的辩论者形象。

在我搬到法国后,这一刻板印象在每天的新闻里得到了回应。罢工和示威似乎是社会结构的一部分,从大学学费增加到提议改变养老金计划,各种因素都会引发罢工和示威活动。但我真的没有体会过,法国人在个人层面上热爱辩论,直到有一天晚上,我被邀请与我的(法国)丈夫埃里克去他朋友海伦·杜朗的家里参加晚餐聚会。

海伦和她的丈夫住在巴黎西部的一个高尔夫球场附近。围着桌子坐了四对夫妇,除了我以外,其他都是法国人。随着晚宴的进行,大家笑声不断,相处得很愉快,海伦和她最好的朋友朱丽叶用那天下午在高尔夫球场上发生的滑稽故事款待每一个人。

但是,饭吃到一半的时候,一件不幸的事情发生了——从我作为美国人的角度看是这么认为的。朱丽叶和海伦就每年春天几乎都在海伦家后院里举行的高尔夫球赛是好事还是坏事大吵了一架。海伦激烈地宣称她"完全反对"高尔夫球比赛。朱丽叶打断了她:"海伦,你这样说是因为你自私。我完全赞成!"其他客人开始站队。嗓门在提高,手臂在挥舞。

在美国文化中,这种餐桌上的辩论是一个非常糟糕的信号。这很可能会导致有的人——也许几个人——怒气冲冲地离开房间,"砰"的一声关上门不再回来。所以当朱丽叶直接看向我,问"嘿,艾琳,你怎么看"时,我越来越不舒服了。

我完全不想卷入辩论中,因为至少会冒犯一个新朋友。我很快就找到了答案:"我没有意见。"令我彻底震惊的是,几分钟后,话题转到了即将到来的假期里谁要去哪里旅行——再没有任何不愉快情绪。我迷惑不解地看着朱丽叶和海伦手挽着手去厨房拿咖啡,她们的笑声在公寓里响起,友好如常。

当然,在任何一种文化中,餐桌上的分歧都可能发生。但事实上,海伦和朱丽叶可以这么激烈地公开争吵,而对她们的友谊没有明显的影响,这显然也是一种文化的特点。

现在想一想,这样的场景在商业环境中可能如何呈现出来。可以想象,在不同文化背景的人之间可能会产生混乱,他们对公开的分歧有着截然不同的态度。不舒服?不安?至少可以这么说。

——对抗:失去面子还是激烈辩论?——

年轻的中国经理沈莉在一家著名的欧洲学院获得了工商管理硕士

学位后，急切地接受了法国跨国公司欧莱雅的营销经理一职，在欧莱雅上海办事处工作。沈有高超的英语水平，法语也还行，这让她在与欧洲同事一起工作时很有自信。沈回忆道："我并没有真正意识到我和法国同事之间有文化鸿沟。毕竟，我在国外学习了好几年，我比大多数中国人都国际化。我喜欢自己能够轻松地从一个文化舞台转换到另一个文化舞台。"

几个月后，沈被邀请来到巴黎，就如何为中国市场量身定做营销活动提出自己的想法。"公司投入很多让我来参加会议，所以我废寝忘食地准备了提案。"她回忆说，"在飞机上的13个小时我都在对着幻灯片排练，以使我的观点清晰而有说服力。"

会议有12人参加，沈是团队中唯一的非欧洲人。沈的想法很清楚，准备工作也一丝不苟。但法国同事对她提出的挑战令她大吃一惊。"一开始他们就问，为什么我选择在印刷广告时改变一种特定的颜色。我解释了我的道理后，团队中的各个成员开始质疑我的决定。"沈感觉受到了攻击和羞辱。"我最不安的是，"她说，"很显然，他们并不觉得我就是营销专家。"沈在展示中竭尽全力让自己的声音保持稳定，但她承认："事实上，我几乎要哭了。"

会议结束后，沈迅速收拾好东西，冲向门口。但在她跑掉之前，她收获了一个惊喜。"有几个参会者，就是刚才在众人面前挑战我的那些人，走过来向我表示祝贺。"她说，"他们评论我的演讲是多么的精彩和有趣。在那一刻，我意识到我是一个中国人。"

中国人称为面子或脸面的概念存在于所有的社会中，但具有不同程度的重要性。当你在别人面前展现自己时，你提供了一个展示你社会角色的机会。例如，我向一群国际经理人发表讲话，自称是跨文化管理专业的教授，含蓄地宣称自己具有领导大型管理团队的专门知识和技能，然而，如果一个参与者公开暗示不知道我在说什么——我的专业知识不足，我的领导能力薄弱——我就会觉得"丢脸"，就会感到这是一种公开的羞辱。

在像中国、韩国和日本这样的儒家社会中，通过给团队的所有成员留面子来保持群体和谐是极为重要的。孔子宣扬的五常关系模式支配着父母应该如何对待孩子、长兄应该如何对待小弟、年长的朋友应该如何对待年轻的朋友、丈夫应该如何对待妻子，以及统治者应该如何对待下属。在这种模式下，群体和谐在于每个人都扮演着规定的角色，并强化其他人的角色。指出这个群体中的其他人没有达到他们角色的期望，他们会觉得丢面子，认为对方是在扰乱社会秩序。

沈在这种文化背景下长大，她对法国同事在公开会议上挑战自己的想法感到震惊。正如她所说："在中国，保护他人的脸面比陈述你认为正确的事情更重要。"

像其他亚洲文化系统的人，尤其是日本、印度尼西亚和泰国人，比起中国人，他们直接产生分歧会更不舒服。

有一次，我与东芝西屋电气公司的人合作，我问日本参与者德永弘武，为什么他们的文化会做出如此大的努力来避免冲突。几天后，我收到了以下回应：

拿起10 000日元的纸币，你会看到圣德太子的脸，他制定了日本第一部书面宪法。圣德太子的《宪法十七条》开篇说："以和为贵，无忤为宗。"这句话深深地铭记在日本人民的心中。因此，在日本，我们努力与他人建立和谐的关系，我们认为分歧是打破和谐的途径，坦率或公开地反对和批驳他人的观点被认为是非常不礼貌的，即使最轻微地偏离他人的观点，也必须以最微妙的方式来做出暗示，而不是激辩或大胆地反对。

在西方国家，人们预期每个人都会有不同于其他人的想法。在日本，人们认为更重要的是避免说任何可能冒犯或扰乱那些参与讨论者和谐的话，并且始终服从最高级别或最高地位的人。

回到中国后，沈向几位欧洲同事讲述了她在巴黎提案时所发生的事情。"我的一个法国队友解释说，法国学生在学校里就会被教导公开表示不同意。"正如我们在说服那一章里提到的，法国学校中的学生被教导要通过论点、反论和综合论点来进行推理，首先建立论点的一面，然后是建立该论点的对立面，再得出结论。因此，法国商人直观地以这种方式开会，将隐藏的矛盾揭露出来，并激发新的思维。正如沈的同事向她解释的那样："我们热情地表达观点，我们喜欢公开反对，喜欢说一些令人震惊的事情。面对冲突，你会成就卓越，会更有创造力，并且消除风险。"

根据我们迄今为止看到的例子，你可能对法国落在反对量表对抗的一侧，而日本则处于避免对抗的一侧（图7–1）这一情况，丝毫不感到意外。美国（及其他益格鲁–撒克逊语系国家）介于这两个极端之间。

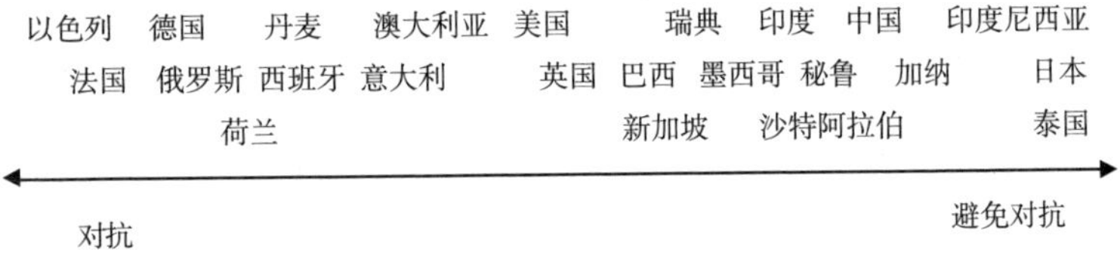

```
以色列    德国    丹麦    澳大利亚    美国    瑞典    印度    中国    印度尼西亚
法国    俄罗斯    西班牙    意大利    英国    巴西    墨西哥    秘鲁    加纳    日本
             荷兰                              新加坡    沙特阿拉伯         泰国
```

←──→
对抗   避免对抗

图 7-1

对抗：分歧和辩论对于团队或组织是积极的。公开对抗是恰当的，不会对团队关系产生负面影响。

避免对抗：分歧和辩论对于团队或组织是消极的。公开对抗是不恰当的，会破坏群体和谐，或对团队关系产生负面影响。

要评估自己的文化系统落在这个量表的什么位置，问自己一个问题："如果在我的文化中有人强烈不同意我的观点，这是否表明他们不赞成我这个人，还是说只是不赞成我的观点？"在具有对抗性的文化中，很自然地，攻击某人的意见不意味着攻击那个人。在避免对抗的文化中，这两件事是紧密相连的。

——对抗与情感表达——

某些有与荷兰、丹麦或德国人一起工作的经验的人，可能会惊讶地发现这些国家的文化如此接近法国，处于反对量表的左边。毕竟，这些北欧文化中的人通常被认为在情感表达方面比较保守。同样，墨西哥人和沙特阿拉伯人可能会惊讶地看到他们的文化系统在量表右边的位置。一位参加我一个项目的墨西哥人说："墨西哥人在生气时，愤怒会从他身上喷涌而出。我们从不掩饰自己的感受。"公开表达情感的意愿与表达不同意见的意愿相互关联，难道不是符合逻辑的吗?

毫无疑问,有些文化比其他文化更具有情感表现力。在荷兰蒂尔堡大学的沙希德、克拉默和施瓦茨等研究人员进行的一项研究中,荷兰和巴基斯坦的儿童在玩纸牌游戏时被拍了照。然后,这些照片被展示给 72 名荷兰成年人,他们必须选择照片中的每对孩子是赢了还是输了。[1]

荷兰评判者在观看照片时,判断巴基斯坦儿童的胜负比判断荷兰儿童的胜负要轻松得多。浏览一下这些作为样本的照片就能看出原因(见图 7–2),尽管所有的孩子都很情绪化,但巴基斯坦孩子的面部表情和肢体语言比荷兰孩子的更具表现力。其他研究者也发现了世界上其他文化的相似差异。

但是含蓄与公开表达反对在舒适程度上是不一样的。在一些情绪化表达的文化系统中,如西班牙和法国,人们会公开表达不同意。但在其他情绪表达丰富的文化系统中,如秘鲁和菲律宾,人们强烈避免公开反对,因为这很有可能导致关系破裂。

要了解这两个文化模式如何相互影响,有必要将反对量表与对应的衡量情感表达的量表画在一起。结果是一个四象限矩阵(图 7–3)。

象限 A 和象限 D 相当直观。在象限 A 中,情感倾泻而出,这也包括与反对有关的情绪,这些表现不大可能伤害到群体关系。以色列、法国、希腊、西班牙,包括意大利,都遵循这种喜怒易形于色的模式。在象限 D 中,情感表达得很含蓄,表达反对更为柔和。大多数亚洲文化系统的国家落入这个象限中,有一些欧洲文化系统的国家在较小程度上也如此,比如瑞典。

上图：巴基斯坦小孩在巴黎玩纸牌

8岁小孩赢牌　　　　　8岁小孩输牌

8岁小孩赢牌　　　　　8岁小孩输牌

下图：荷兰小孩在巴黎玩纸牌

(a)

上图：巴基斯坦小孩在巴黎玩纸牌

12岁小孩赢牌　　　　12岁小孩输牌

12岁小孩赢牌　　　　12岁小孩输牌

下图：荷兰小孩在巴黎玩纸牌

(b)

图7-2

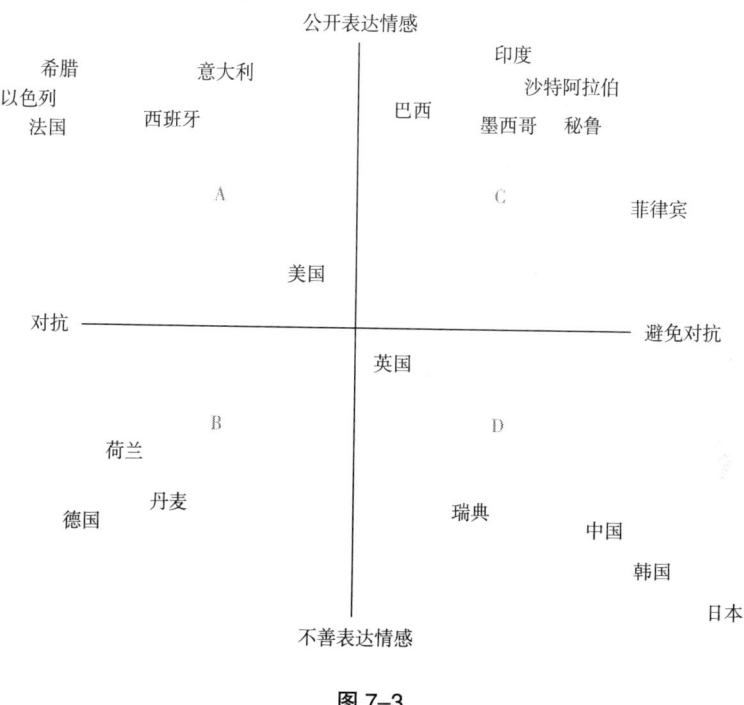

图 7-3

象限 B 和象限 C 比较复杂,需要多解释一下。

象限 B,容纳了像德国和荷兰等国家,包括那些通常不善于表达情感的国家,它们却像法国那样看待辩论和反对——这是通往真理道路上的关键一步。

我 2002 年开始为戴姆勒-克莱斯勒提供咨询,当时公司两个具有历史意义的部门之间的不信任感越来越深,许多戴姆勒高管公开宣称,他们"永远不会开克莱斯勒的车"。但在我欢迎 30 多位德美双方经理到我的课堂上讨论两种文化的差异时,他们之间的紧张关系并不明显。相反,这个小组努力营造一种团结友好的氛围,德国人讲一口无可挑剔的英语，几个美国人练习德语，每个小组的成员都谦虚地拿自己开玩笑。训练课进行得很顺利，直到我在一天早上引出评价量表。

在我说美国人通常不会像德国人那样直接地给予负面反馈时，一位德国人德克·费恩哈勃立即插嘴说："我完全不同意。"并接着举了几个人的经历作为反例。第二个德国人接着用自己的故事支持费恩哈勃的观点。我提出了异议，两个德国人立刻反驳回来，积极捍卫自己的观点。

午餐休息时，一位整个上午都沉默不语的美国参会者本·坎贝尔向我走来，他显得有点沮丧。"我不明白。"他说，"德国人报名参加这门课，没有人强迫他们参加，他们花了很多钱向你学习，他们知道你的专业知识和经验。为什么他们总是不同意你的观点？"

在我们说话时，德克靠近了我们，他显然从旁边听到了本的疑问。本有点不舒服，转向德克。

"是文化差异所致吗？"他想知道。

"我要想一想。"德克回答。

果然，午饭后，德克准备分享关于他在课上有意挑战我时的一些想法：

我们德语中有这个词，Sachlichkeit，在英语中翻译成"客观性"。有了客观性，我们可以将某人的观点或想法与他本人区分开来。德国的辩论是对客观性的一种示范。当我说"我完全不同意"时，我在质疑艾琳的立场，而不是不赞成她本人。从孩提时代起，我们德国人就学会了练习客观性。我们相信一场好的辩论会带来更多的想法和信息，这是没有反对就不可能发现的。对我们来说，确定一个提案的有效程度，最好的方法就是挑战它。

本笑了起来：

对！有时我可以想象一个德国同事走进一个空房间，关上门，开始和自己进行理性辩论，辩论的范围不仅仅限于商业问题。我看到过德国人为美国政治、移民以及所有训练有素的美国人绝不去碰的话题争论不休。

德克回应道：

当然，我们也不争论无聊的问题！如果我们要挑战你，那是因为我们感兴趣。你们美国人把事情看得这么个人化，如果你的德国同事对你们的国家领导人、你们支持和钦佩的人做出的决定提出质疑，你没有必要情绪激动或爱国心泛滥，只冷静地以理性的方式提出你的观点即可，你很可能会发现你的同事只是感兴趣而已。

这种交流生动地说明了为什么德国（以及荷兰和丹麦）处于反对量表的对抗一侧——事实上德国文化在情感表现丰富程度上不如许多其他文化。如果你认为你的日耳曼裔欧洲商业伙伴是冷漠、沉默类型的人，那么当发生争议时，你可能会感到惊讶。你可能会发现他们急于跳出来吵架，因为他们认为分歧不是个人情感的问题，而是一种有价值的智力锻炼，可以从中产生真理。

相比之下，象限C中的文化系统，如大多数拉丁美洲文化系统和一些中东文化系统，是由充满激情地讲话的人形成的，这些人也很敏感，容易受伤。对于这些文化系统的人来说，把意见与人分开是不容易的。如果你抨击我的想法，我觉得你也在攻击我——这意味着我想回避公开的分歧，以免损害我们的关系。

更复杂的是,那些来自拉丁美洲和阿拉伯的人,当他们大声说话、表情夸张地晃动身体时,看起来好像要打架,但是他们激动地讲话并不等同于对抗。

一年春天,我在迪拜为一家跨国咨询公司举办了一次研讨会。工作完成后,我决定花上几天的时间享受温暖的天气,一位工作上的阿联酋朋友推荐了迪拜一家精品酒店,我预订了周末的房间。

星期五下午5点,我急切地搭上了一个研讨会参加者伊萨·赛丽姆的顺风车,她是一个30多岁精力充沛的女人。我们很快发现自己陷入了严重的交通堵塞,直到两个小时后,我们才来到一条安静的街道上。此时,赛丽姆打开车窗,开始用阿拉伯语向一个穿着传统服装的老人喊叫。老人怀里抱着一堆彩色的布穿过马路,他温和地回应。随着他们的谈话声音越来越大、越来越激烈,塞丽姆从车里出来,大喊大叫,打着手势。我不知道他们在争论什么。他生气是因为塞丽姆穿着西式服装吗?她的车轧了他的布了吗?有一瞬间,我以为那个老人好像准备用他随身带的一卷布打塞丽姆了。

最后塞丽姆回到车里,挥挥手,开车离开了。"你们在吵什么?"我小心翼翼地问。

"哦,我们没有吵架。"她实事求是地说,"他给我指去旅馆的路。"

正如这个故事所说的,确定反对量表上一个国家的位置,不要关心人们是如何表达自己的情绪。相反,要关注一次公开反对是否会对个人关系产生负面影响。在象限C的文化系统中,情感表达是常见的,但公开分歧是危险的。在许多阿拉伯文化系统中,人们极力避免因为直接表达反对意见而冒犯他人,因为这对长期关系的维持可能是危险的。

应用反对量表引发的最后一个问题是中国和韩国在量表上处于避免对抗一侧的位置。如果你曾经有过与中国团队谈判并被他们强力挑战的经历，或看到过韩国人怎样和陌生人对着干，你可能对这两个国家的位置感到困惑。

原因在于以下事实：在韩国和中国，对待自己圈子里的人的行为，可能会与对待圈子外的人的行为非常不同。孔子对如何与跟自己有关系的人相处提供了非常明确的指导，但他几乎没有提供如何对待陌生人的指导。特别是在中国，由于庞大的人口和激烈的竞争，人们与那些圈子外的人关系冷淡，在有冲突的情况下，就会产生敌意。因此，中国人对上司、同事、客户尽显礼仪与悉心尊重，却可能会苛责根本不认识的潜在的供应商。

因此，在这些文化中取得成功的策略可以追溯到本书关于信任的章节。利用一切必要的时间来建立亲密的信任关系，所需时间可能会很长，而且外国人可能永远不会获得与圈内人相同的地位，成为文化中的自己人。但是花一点时间建立个人关系，对于建立信任和降低对抗强度会有长足的帮助。

——让全球团队愉快地面对异议——

如果你领导着一个多元文化的团队，想让所有的团队成员公开、舒适地表达他们的想法可能是一个挑战。以下是一些有帮助的策略。

如果你是老板，可以考虑跳过会议。根据你所处的文化背景，你的资历和年龄都会影响别人在公开场合与你意见相左时的舒适度。在许多避免对抗的文化中,公开表示与同等级的人意见不一致是可能的,但与老板、上级或长辈意见不同则是禁忌。

丹麦跨国制药公司诺和诺德在东京并购一家新公司后,哈拉尔德·马德森发现自己要与一群日本营销经理合作,这些经理都比他年轻,级别比他低。马德森计划首次访问东京时,就他的哪些举措能够行得通以及哪些措施是他们反对的寻求当地经理的反馈意见。他希望能像在丹麦一样,和他们好好地进行一次辩论。但是马德森那一场激烈的搏击比赛,一次创造性的思想交流的梦想,很快就烟消云散了。

在第一次会议开始时,我告诉日本同事,我希望他们公开地挑战我的想法,这样我们就可以确保对他们当地市场执行最优的方案。我提出了一些想法,并要求他们反馈,但我得到的是沉默。我鼓励英语口语最好的那几个人发言,但也没能成功。我努力让大伙动起来,但他们还是沉默。我催促他们给出想法,但只有几个人点头同意,说一些陈词滥调。

如果小组不辩论,不分享自己的观点,我想不出还能如何进行富有成效的讨论。我在丹麦开发的所有工具和技术在这里都毫无用处。

在这次旅行的后期,一天吃晚饭时,马德森向与自己同级别的日本副总裁吉崎一木寻求建议。"在日本,"吉崎解释道,"即使只是询问别人的观点也会让我们感觉到对抗。当你顺着桌子问团队里的每个人'你觉得这怎么样你觉得那怎么样'时,这真的让他们意想不到,没有人愿意在一群人面前被摆到尴尬的位置上。"

提前准备将有助于日本管理者更加舒适地公开分享他们的观点。

吉崎建议马德森让团队在会议前几天知道他需要他们反馈的内容,这样他们可以相互检查和准备。

"但真正的问题,"吉崎评论说,"是你的白发。在日本文化里,你几乎看不到中层管理人员公开反对更高层的管理者。年轻人不赞同年长者,这将被视为不敬。你告诉他们你的意见,然后问他们的想法。也许你认为他们会说,'亲爱的老副总裁,我完全不同意你的看法',但他们是不会这样说的,他们只会支持你。"

吉崎建议马德森避免先发表自己的观点,他还建议马德森让团队在没有他的情况下开会,然后汇报他们的想法。"只要老板在场,"吉崎说,"团队都将试着弄清他的意见并且谦恭地服从他。"这是一门技术,你自己管理一个团队,你会发现你在场时他们很难畅所欲言。这很值得一试。

在避免对抗的文化中,激发意见的第二个策略是将意见与提意见的人区分开来,让反对非人格化。

考虑一下在盎格鲁-撒克逊语族文化中流行的头脑风暴。四五个人聚集在一起,在活动挂图上记录他们能够收集的每一个疯狂、闪光或愚蠢透顶的想法。一旦写满一张纸,就很难记住是谁想出了哪个主意,这就很容易在不攻击人的情况下,挑战或改变这个主意。

哈拉尔德·马德森在下一次日本之行中采用了这个策略:

在做完陈述之后,我没有期望大家举手和要求提出意见——根据经验,我知道这不可能发生——我让每个人立即尽可能多地在贴纸上写出自己的意见和反馈。休息时,他们把自己的贴纸匿名贴在白板上,我们把它们分成组。接下来,我们仍然一起工作,列出每组想法的积极和消极因素，最后通过票选进行优先排序。每个成员只有三票，所以每个人都需要做出明确的选择。

马德森发现这种方法在促使辩论和分歧产生积极结果方面非常有效，而且不会危及人际关系。

第三个策略是在会议前召开会议。在参加过许多让我觉得无聊、毫无意义的跨文化会议之后——其他文化的参与者可能会觉得这很有趣又有价值，我发现了采用这个策略的必要性。我开始调查研讨会参与者对会议的期望。我问道：

为了让你觉得这次会议可以取得巨大的成功，下面哪一种情况应该发生？

A. 一次好的会议，能够做出决策。

B. 一次好的会议，各种观点都进行了讨论和辩论。

C. 一次好的会议，使会议之前就做出的决定正式盖章生效。

回答这个问题的大多数美国人选择了选项A，大部分法国人选择了选项B，大多数中国人和日本人选择了选项C。在许多亚洲文化中，会议的默认目标是批准在非正式讨论中已经做出的决定。因此，表达不同意见最合适的时间是在会议之前，而不是在会议期间。

让这种文化特点为你所用是相对容易的。在下一次团队会议之前，试着打电话给你的日本同事进行一次非正式的讨论，你很可能听到坦诚的意见，尤其在你们已经建立了良好的关系后。

如果你的全球团队中有很大比例的东亚人，你可以考虑采用非正式的预先会议的方法，鼓励大家一对一地打电话听取意见并达成协议，然后你可以通过会议为已然协商一致的决策盖上正式的印章。清晰地解释程序，以便每个人都能清楚地理解整个过程，不管你为自己的全球团队会议选择什么目标，都可以通过明确使用哪种策略来帮助每个人。

鼓励那些原本回避对抗的人参与辩论的第四个策略是调整你的语言表达方式，避免使用升级词，并在表达不同意见时使用降级词。升级词是一个使意见听起来更强烈的词，例如"绝对地""完全地"或"彻底地"，这样的词在对抗文化中很流行。相比之下，在避免对抗的文化中，人们更倾向于使用"有几分""某一些""稍微地"或"部分地"等降级词。有一个极端的例子来自我的一位泰国前同事，她表达不同意时会使用翻两倍的降级词："也许我们可以稍微换个角度考虑一下……也许……你怎么认为？"

在你表达不同意见时，根据你的文化背景稍微改变一下用词并不困难。肖恩·格林是一位在墨西哥城生活和管理团队的美国人，他描述了自己的经历：

履职来到墨西哥后，我参加过几次会议，其间我与一位同级别同事的立场有所不同，我会说出我的不同意见"我不赞成你"。但是在墨西哥文化中，这种程度的反对是不被接受的，我公开表达不同意见将会结束辩论，没人再试图改变我的观点。

我很快了解到，如果我想鼓励团队辩论，使用像"我不太理解你的观点"以及"请多解释下为什么你这样认为"这样的措辞很重要。这些表达方式鼓励了你来我往，而不是完全把话说死。

如果你所处的文化环境比你自己的文化更具有对抗性，那么在表达不同意见时要格外小心，避免选择强烈的词，除非你对可接受的辩论和不恰当的攻击之间的界线有坚实而精准的把握。我并不建议你在开始海外会议的时候，先告诉你的法国客户"你完全错了"，或者向你的德国供应商宣布"我完全不同意你的提议"，在这些文化系统中，说反对意见的方式比较直接，但并不意味着怎么样都行，这在反对量表上很容易过头。

这样的事发生在来自中国、毕业于斯坦福大学的会计教授林伟身上，他是我在欧洲工商管理学院的同事。当学生们在课堂上发表诸如"我不同意那个观点"的评论时，林感到很惊讶，觉得学生无礼且不合时宜。再加上林身材瘦小还很年轻，他的学生都比他高，林开始时认为课堂上的反对等于是对他权威的公开攻击。

林向他的几位教授同事征求意见。"他们似乎觉得在课堂上与学生辩论既适当又有益。"林回忆说，"所以我决定像他们对待我一样对抗他们。"不幸的是，林没有完全理解在欧洲文化背景下健康的辩论和全面的挑衅之间的微妙差别。"当我在学期结束看到学员的评价时，我真的震惊了，学生们形容我满怀敌意和愤怒。"他说，"但我只是想适应他们的风格。"

最终，林成功地找到了一个合适的方法：

我发现，通过让学生们提出问题和不同意见，同时不断提醒自己，这是参与而不是批评的标志，可以取得好的效果。我试着给他们一个舒适的空间来表达他们所有的不同意见，而不是把他们怼回去。这样一来，我保持了自己的中国风格——彬彬有礼，努力实现群体和谐——但对他们行为的反应则完全不是中国式的，这似乎效果不错。我与学生们发展了良好的关系，比我过去在中国与学生的关系要亲密得多，中国的教授总是被奉为神明。现在，我回到中国，当学员们都默默地听从我的意见时，我多么希望他们能反对我的观点，偶尔那么一次也好。

当你在一个比自己的文化更具对抗性的文化中工作时，模仿他们来调整你的风格会带来很大风险。效仿一下林的策略，提醒自己，在你的文化中感觉咄咄逼人的，在另一种文化中可能不是这样。如果你能克制住自己，不生气，也不试图模仿一种对你来说不自然的对抗风格，那么在不对抗的情况下，你可以轻松地投身于辩论或讨论中。

——"让我来唱反调吧"——

想象一下，你在本章开头的晚宴上遇到的杜朗夫妇要搬到你的家乡去。如果他们举行宴会，邀请你和你的家人，还有几个邻里朋友参加，会发生什么？他们需要缓和他们反对的方式吗？

如果杜朗夫妇搬到明尼苏达州，在卡尔霍恩湖以东几个街区附近定居，使用温和的反对方式肯定是一个好策略，但不是唯一的策略。相反，海伦·杜朗可以鼓励大家围绕高尔夫球赛或者她认为有趣的任何事情展开生动的辩论，方法是在她的话语中加上一些东西——在付诸实践之前解释她的反对风格。

我丈夫埃里克与海伦是在同一个社会里长大的，埃里克在英国和美国都生活了很多年，包括在我的家乡，虽然他已经学会了如何在法国和盎格鲁-撒克逊语族的文化系统中工作，但他觉得对于任何与美国人或英国人一起工作的法国人来说，遵从反对量表是最重要的，也是最具挑战性的。与法国人相比，美国人珍视和谐与平衡，在成文宪法《权利法案》和《独立宣言》的荫护之下，美国已经发展成一个高度复杂、多民族的国民体系，其特点是和平、包容共处。因此，美国人往往认为公开反对是对他们团结的威胁。"团结则存，分裂则亡"是美国人交往的基础。

由于直截了当地表达了不同意见，埃里克在美国的会议中不经意间制造了一些尴尬的场面，之后他想出了一个解决办法：

我学到了一个很简单的窍门，也许对英国人或美国人来说是显而易见的，但对我来说并不容易。在表达不同意见之前，我总是解释："就让我来唱反调吧，这样我们就可以挖掘两方面的意见。"只要我清楚自己在做什么，我为什么这样做，大多数团队成员似乎都乐意接受。

有时只需几句话解释你的行为，就可以全面改变你在人们心中的印象。不管你是住在明尼苏达州的法国人，还是住在曼谷的俄罗斯人，了解周围的人如何看待你的做法，花点时间描述一下你在做什么、为什么这样做——也许带着一点幽默和谦卑——可以大大提高你的办事效率。

巴哈马有一句智慧的谚语："要卷入冲突，人们不需要带一把砍人的刀，只需要一根缝衣的针。"正如我们在本章中所看到的，在一种文化中缝得很好的东西在另一种文化中可能会被砍开口子。但是只需要一点努力和创造力，你就可以找到许多方法来鼓励和学习其他观点，同时维护有价值的人际关系。

8 多晚算晚？
时序与时间的跨文化知觉

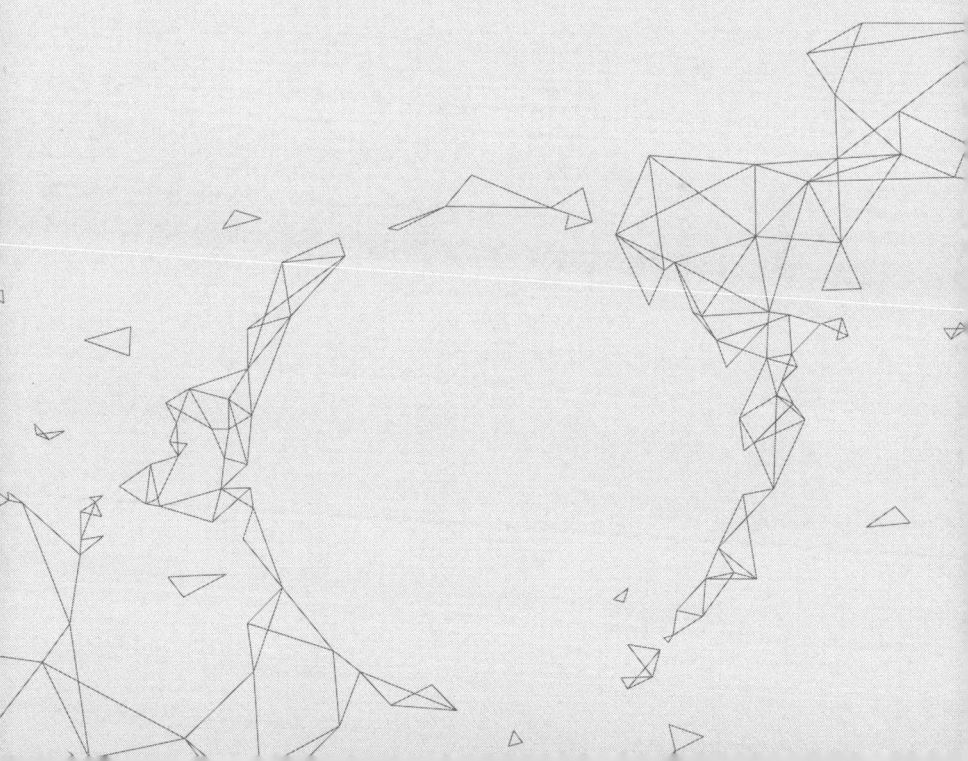

时间表、截止期限、时间压力……我们都痛苦地戴着时间观念的枷锁。日程安排会影响你如何组织这一天、何时召开会议、你必须提前计划多远，以及这些计划有多大的灵活性。然而，在一种文化中被认为令人发狂的迟到，在另一种文化中却是可以接受的。

想一想，你早上被手机的铃声叫醒，提醒你早上9点15分在市里与供应商会面……但你的一天却以一个出乎意料的混乱开始。你蹒跚学步的孩子在地板上打碎了一罐果酱，大儿子不小心踩了进去，你花几分钟时间紧张地清理了一下。接着是你着急地寻找汽车钥匙，最后在厨房的橱柜里找到了。你设法在铃声响起、校门要关上的时候把孩子们送到学校，这时，手机设定的早上9点的闹钟响起来了，这意味着这个重要的会议你要迟到6~7分钟，前提是市中心的交通情况不比平时差。

怎么办？

你当然可以打电话给供应商道歉，并解释说你将在9点21分准时到达，或者可能是9点22分。

或者你认为迟到六七分钟基本上是准时的，你决定不打电话，只是把车开到外面去。

也许你根本就不考虑时间，不管你是9点21分还是9点22分甚至9点45分到达，你都仍然在可接受的时间范围内，你和供应商都不会太在意。

如果你生活在线性时间文化里，像德国、斯堪的纳维亚国家、美国或英国，你可能会提前打电话。如果你不打电话，随着时间一分一秒过去，你还没有出现，就有可能惹恼你的供应商。

如果你住在法国或意大利北部，你可能会觉得没有必要打电话，因为迟到六七分钟属于"基本上准时"（但如果你超时12或15分钟，情况就不一样了）。

如果你来自一个弹性时间的文化系统，比如中东、非洲、印度或南美洲，时间可能在你的头脑中具有完全不同的灵活性。在这些文化系统中，当你与交通堵塞做斗争、对生活不可避免的混乱做出应对时，人们预期延误会发生。在这方面，9点15分与9点45分的差别非常小，每个人都接受得了。

当人们使用诸如顽固、混乱、迟到、僵化、无组织、不适应之类的词来描述来自其他文化的那些人时，很有可能是时序维度的问题。理解这些微妙的、对时间要求没有表达出来的假设可能相当具有挑战性，而这些假设控制着不同文化中的行为和预期。

在我刚搬到法国的时候，我被其他美国人警告说法国人总是迟到。事实证明部分是正确的，虽然这对我日常工作的影响很小。例如，我抵达巴黎后不久，被安排去拉德芳斯（巴黎的公司商务区）的一座玻璃塔楼里拜访一位专门处理外派任务的人力资源经理，约的是上午10点。我很小心地在上午9点55分准时到达，在脑子里紧张地练习着生疏的法语。我计划会见的这位女士桑德琳·吉冈是公司的长期客户，与我的老板很熟悉，老板向我保证吉冈女士会热情地欢迎我。

接待员在10点整的时候打电话给吉冈女士，和她通了电话后，礼貌地对我说："请耐心等待。"于是我小心翼翼地坐在大皮沙发上，假装在看报纸，耐心地等了5分钟，但在10点07分时我感觉有点坐不住了。我把会议时间弄错了吗？有什么不可避免的紧急情况发生了吗？10 点 10 分……会议真的要召开吗？吉冈女士在 10 点 11 分走出了电梯，对她的迟到没说一句道歉的话语。她热情地欢迎我。在美国和法国都工作了许多年后，我现在可以确认，在大多数情况下，在法国你可以有比在美国多 10 分钟的时间（延迟、晚开始、晚结束、开小差）。如果你知道这一点，在大多数情况下，适应起来真的没什么大不了的。

我在南美地区工作期间，我第一次真正理解了时序维度的影响。我在科罗拉多州丹佛市向大约 500 名经理人进行了主题演讲，他们大多是美国人。活动前一天下午，会议组织者丹妮尔给我看了一叠卡片，在我 40 分钟的讲话中，她会把卡片放在膝盖上。"我每 10 分钟就举一个牌子。"她一边解释，一边给我看用黑色字体写着"30 分钟""20 分钟"和"10 分钟"的卡片。最后写的是"5 分钟""2 分钟"和"0 分钟"的卡片。很明显，最后一张卡片上大大的、黑色的"0 分钟"毫不含糊地表示我的时间结束了，而且在我看到它时，意味着我就要离开舞台了。

我完全理解丹妮尔，她是美国文化中的典型成员。我对认真控制好每分钟的想法非常满意。我的演讲进展顺利，听众也很欣赏。

几天后，我与一位迷人的巴西老人弗拉维奥·拉纳托在一家有玻璃墙的餐厅用餐，从这里可以俯瞰巴西第五大城市贝洛哈里桑塔的万家灯火。我们计划第二天给一大群南美人进行演讲。"这个话题对我们的组织非常重要，"拉纳托告诉我，"参会者会喜欢的。如果你愿意，请随意安排更多的时间，大伙都将受益。"

我不太明白，因为我已经同技术支持人员测试了我的演示文稿，并且会议的议程已经打印并张贴在会场门上了。"议程上是45分钟。你想多长时间？我能用60分钟吗？"我大声提出疑问。

拉纳托温和地耸耸肩，回答道："当然，你需要多长时间就多长时间。"

我不确定他的意思，于是向他确认："我要花60分钟。"拉纳托点头表示同意。我回到酒店房间，把我的演示文稿调整为时长60分钟。

第二天在会议上，我立刻注意到贴在会场门上的议程仍然显示是45分钟。我有点不安，我在人群中找到拉纳托。"我只是想确保我的理解对了。"我说，"你想让我今天上午用45分钟还是60分钟做报告呢？"

拉纳托笑了一下，好像我的行为不寻常。"别担心，艾琳。"他试图让我放心，"他们会喜欢的。按你的需要，用多长时间都没关系。"

"我要花60分钟。"我又明确道。

我的演讲开始时（经过许多意料之外的耽搁之后），这些听众的反应印证了拉纳托的预测。他们兴高采烈地表达着欣赏，在我演讲结束的问答环节中，挥舞着手臂问问题，并提供例子。通过观察教室后面的大钟，我知道这次的课程时长为65分钟。我拖堂了几分钟，因为有一个问题比我预料的要长。

拉纳托走近我，说："好极了，正如我所希望的那样。可惜的是你这么早就结束了！"

早？我真的很困惑。"我原以为我要花60分钟，实际花了65分钟。"我小心地说。

"你当然可以花更长时间！他们很喜欢！"拉纳托坚持说。

那天晚上，拉纳托和我就我们之间关于时间的相互理解进行了一次富有启发性的讨论。

"我不想在没有得到明确许可的情况下花掉你们团队的任何额外时间。"我解释道，"你给了我 60 分钟，对我来说，如果我比预先安排花更多的时间，而没有事先得到你的许可，对大伙来说是不尊重的。"

"但我不明白，"拉纳托回答，"在这种情况下，我们是客户。我们付钱给你和我们在一起，如果你看到我们有更多的问题，希望和你继续讨论，那么为了回答我们的问题并满足需求，延长一下演讲时间，难道不是一项很好的客户服务吗？"

我被搞晕了："但是如果你没有明确告诉我可以再花 15 分钟，我怎么知道那就是你想要的？"

拉纳托好奇地看着我，因为他渐渐明白了我是个十足的外国人。"他们显然对此很感兴趣，也很投入。难道你看不出来吗？"

我开始意识到，对待时间的不同态度对人们的影响有多么巨大，拉纳托和我关于时间安排的案例使我们对"优质客户服务"有了截然相反的定义。这个故事强调了了解与你一起工作的人如何考虑时间的重要性——可据此相应地调整你的期望。

——研究文化，等牛回家——

人类学家爱德华·T. 霍尔是第一个探索关于时间的社会方式差异

的研究者。在《生命之舞：时间的另一个维度》中，霍尔提出了单时序文化和多时序文化的概念。单时序文化视时间为有形的和具体的："我们说时间是可以节省、花费、浪费、丢失、弥补、爬行、消磨和耗尽的，这些必须严肃对待。单时序被排序系统用来安排生命秩序。这些规则适用于一切，除了死亡。"[1]

相比之下，多时序文化对时间、人的参与和交易完成采取灵活的方法："约会不被认真对待，因此经常会被破坏，因为它更可能被视为道路上的一个点，而不是一条线……阿拉伯人会说'我不到一小时去看你'或'我两天后见你'。换言之，生活在多时序环境中的人会提议未来一个大致的会见时段，而不会定死会议进行的确切时间。"

我在博茨瓦纳（一个多时序文化国家）做和平队（美国志愿者组织）志愿者期间，我常常感到困惑，学校里的一位当地老师会告诉我"我现在就来"，但20分钟后，我还在等待，没看到老师到来的迹象。后来，我了解到，如果有人真的马上就来，他们会说"我现在就来，现在"，那第二个"现在"才是大不相同之处。

紧随着霍尔著作的出版，心理学家罗伯特·莱文开始仔细观察和分析各种文化的计时方法。[2] 他指出，有些文化以5分钟的间隔计量时间，而有些文化很少使用时钟，而是按照莱文所说的"事件时间"来安排他们的一天：午餐前、日出后，或者像布隆迪当地人的习俗那样，说"当奶牛回家时"。

当然，世界上任何一个国家的商业经理都喜欢戴手表，而不是通过日落或牛群经过来判断时间，但每个人体验手上的腕表所显示时间的方式，在不同社会之间仍然存在显著差异。

——关系：理解时序量表的关键——

正如我们在本书中考察的其他文化量表一样，时序量表受到许多历史因素的深刻影响，这些因素塑造了人们的生活、工作、思考和相互交往的方式。时序量表上国家的位置部分受到特定国家的日常生活影响。

如果你住在德国，你可能会发现事情基本上是有计划地进行的：火车是准点的；交通是可控的；体制是可信赖的；政府规则是明确的，并且执行如一。基于所处环境不太可能严重干扰你的计划，你可以安排好一整年的时间。

这种文化模式与德国作为世界上第一批高度工业化国家之一的历史地位有着明显的关系。想象一下，作为德国汽车工业工厂的工人，如果你上班迟到4分钟，你负责的机器就启动得晚，这要付出真实的、可衡量的财务成本。德国人对时间的观念根植于工业革命早期的影响，在那时，工厂要求劳动力必须在指定的时刻就位。

其他国家，尤其是发展中国家，生活围绕着不断变化的事情运转。面对政治体制的更迭和金融体制的改变，交通拥堵的加剧和缓解，雨季或缺水带来不可预见的挑战，成功的管理者是那些可以轻松和灵活应对变化的人。提前安排事情是很好的，但提前的时间范围一般在48小时内或更少。

假使你是尼日利亚的农民，大部分的农活都是由人干的，可能几乎没有什么机器可以帮助你，那么在这种环境中，你在7点或7点12分甚至7点32分开始干活都没关系。重要的是，你的工作结构足够灵活，能够适应自然环境的变化，并且你已经对人际关系做了必要的投资，可以确保员工在干旱或洪水、风雨侵蚀或病虫灾害的情况下也忠于职守。在这种环境下，生产力和利润直接与负责人的灵活性及员工关系相关联。

事实上，关系的重要性似乎是理解时序量表的关键。只有关系是一个优先事项，你把它放在时间之前，这才是合乎逻辑的。因此，将重点放在关系构建上的文化系统，自然落在时序量表的弹性时间一侧（参见图8-1）。

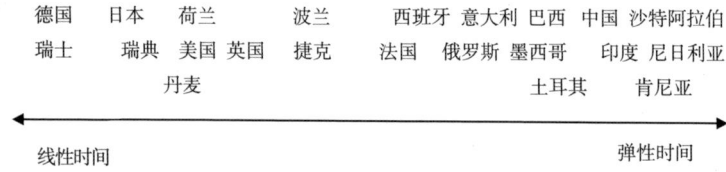

图 8-1

线性时间：项目的步骤以顺序的方式进行，完成一项任务，然后开始下一项，一次做一件事，没有中断。焦点是遵守时间表并在最后期限完成项目。重点在于准时，良好的组织性重于灵活性。

弹性时间：项目的步骤以不固定的方式进行，随着机会的出现改变任务。许多事情立即处理或中断都可以接受。重点是适应变化，灵活性重于组织性。

量表上所有国家的位置都应考虑其相对性。德国人可能会强烈抱怨英国人不守时，印度人则常常觉得法国人对他们的日程安排很严格，然而，日耳曼、盎格鲁-撒克逊和北欧国家普遍落在量表的线性时间一侧。拉丁文化（包括拉丁欧洲和拉丁美洲文化）系统倾向于落在弹性时间的范围，中东和许多非洲文化系统处于量表的右边，亚洲文化系统零星散落各处。

在这个量表上，日本使用线性时间，但中国和印度实行弹性时间。

当与不同文化背景的人一起工作时，你会发现时序维度影响了日常生活的很多方面，从会议怎么开，到人们如何排队。

——一条线不是一个列：斯德哥尔摩的排队与印多尔的蜂拥——

那是12月的一个早晨，斯德哥尔摩漆黑一片，非常寒冷，我要去见一个瑞典山高刀具公司的客户，他的办公室乘坐42路巴士很快就可以到达。在我等车的时候，我几乎没注意到其他聚集在公交车站的人，因为我的注意力主要集中于快速活动双腿，试图保持温暖。公共汽车停下时，我急切地想上车。离门口最近的那个女人先上车，然后我走上前去，高兴地跟在她后面。然而，尽管没察觉到同行乘客们排起来的松散队伍，但我几乎不能忽视他们在我提前上车时对我发出的愤怒的咳嗽声。

即使是无意地插队，在瑞典也是一种文化犯罪。这种文化是线性时间观念的自然产物，即按照适当的顺序，一次管理一个项目，包括排队等候的人。

相比之下，在去印度旅行之前，几个学生向我解释了等待轮到自己的"常青树文化"。当需要形成一列时，例如，在等待购票时，一些急切的个人将形成树的初始主干。然后，当树干对某些人来说显得太长时，少数几个人会并列站在主干边，比如第五个人旁边，创建他们自己的列，暗示其他人在他们后面排队，这个过程会一直持续下

去,直到有一株人类常青树形成,主干上一列纵队的人等待着,不停地有树枝在两边发芽生长。³

这是我旅行前所做的准备工作。根据我自己的经验,印度队列比"常青树理论"所说的更具灵活性。

我在印度中部人口最多的城市印多尔待了两天,和一群印度计划与管理学院的本科生一起工作。到达印多尔机场后,在柜台前办理登机手续的时候,我小心翼翼地排在队列的前面,以避开任何分支的萌芽。

但很快,其他乘客陆续到来,挤在我的周围。短短几分钟内,我就被周围的人围住了,问问题的、丢了票的、箱子超大的……一位女士把她的票放在我旁边的柜台上,解释了一些与票上的名字有关的紧急问题;一位年长的绅士用印度语描述了一些与他的提包有关的紧急事情而引起了登记女士的注意。柜台后面那位和蔼可亲的女士立刻开始接待几个乘客,打电话、打印新票、回答从我两边挤到前面的人提出的问题。

令我有些吃惊的是,所有乘客的需求都得到了满足,我们差不多按计划离开了。

那天晚上,在新德里,我用印多尔和斯德哥尔摩排队等待的差异,逗乐了我的印度东道主。"你说得对。"他笑着说:

在印度我们更灵活。因为我们成长在一个货币不是很稳定、政府可以随心所欲地改变规章制度的社会,所以我们学会了重视灵活性。但是欧洲人和美国人很严格,他们期望我们认真关闭一个盒子,再打开下一个盒子,就像你的想法一样,一次只处理队列中一个人的事情,不能被打断。

我了解到弹性时间的文化,比如印度文化,倾向于强调打开许多盒子,同时处理所有这些盒子。一次完成一件事在斯德哥尔摩可能是常识,但在印多尔却不是。

——开会就像排队等候——

瑞典和印度队列之间的差异反映了线性时间和弹性时间文化之间更广泛的差异。

例如,计划召开一个简单的商务会议。你会发现在美国、英国、斯堪的纳维亚国家或德国,与会各方都默认会议看起来像一条线的假设。因此,议程要提早设置,以列表的形式,准确地说明什么时间开会、按什么顺序、讨论什么话题。有时,每一个主题还会被分配一个具体的时间段,这样会议就可以在预设的时间结束。

如果有出席者试图"打乱"会议,带来一些议程上没有的话题,参会者可能会打断他说"这还没有提上日程,所以让我们私下或者休息时再讨论吧",或者"这个问题我们搁置到另一个时间再讨论",抑或"我们可以把这个放在下周的议程上吗",又或者恼火地说"你这个人!守点纪律,好吗"。

更重要的是,在线性时间文化中的会议,人要表现得像瑞典的队列那样,在别人发言的时候你不能和邻近的人说话,不能在边上打电话。这群人按议程规定进行"会间小憩",所以请不要随意进出会场。对于那些线性时间的人来说,任何打乱了手头上预先设定任务的行为都是粗鲁无礼的。

但是，在弹性时间文化中的会议，像在南美洲、欧洲部分地区、非洲和中东看到的那样，更像是一棵"常青树"。带有时间和议题的议程安排可能会在会议之前分发，这将作为树的主干，但人们不会预期会议将以线性方式进行。上个星期精心制定议程时需要优先考虑的事情，现在并不一定是优先事项，现在可能会优先讨论分叉出来的一个新方向。如果一些成员有紧急事情，让他们进出会议，其他分枝就可能萌芽，或者子群组可能在会场内形成，以讨论当时产生的话题，这些话题在某种程度上与会议主干相关联。

很显然，在弹性时间文化中，最富有成效的会议会以不可预知的方式发展，优秀的经理必须足够灵活和专业，能够根据新出现的情况利用优先事项和需求变化，中断、变更和频繁转换议程方向。

——等待月亮的征兆：面对时序挑战的风格转换方法——

时序维度还影响我们计划时间的方式，这些计划感觉上既是固定的，也是灵活的。

在一位来自尼日利亚银行的口齿清晰、经验丰富的人力资源主管艾哈迈德·阿悉达博士申请参加欧洲工商管理学院为期一周的全球虚拟团队项目时，我犹豫了。通常参加这个项目的团队分散在许多国家，但阿悉达团队里只有两个国家的人，即尼日利亚人和德国人。但我们最终接受了阿悉达团队加入这个项目的申请。结果证明，他在处理这两个民族之间的跨文化误解方面有足够的经验。

在项目中,阿悉达解释了他面临的挑战:

德国人做任何计划都不只是提前几个星期,而是提前几个月。在我要去德国参加一个会议的3个月前,我收到了一封电子邮件,要求我从三个选项中选择4月6日会议开幕式上晚餐吃什么。现在让我问你,今天,1月的一天,我怎么能知道我在4月6日想吃什么?但这可不是闹着玩的,如果你不选中这个框安排你的晚餐,并在规定的日期之前答复,有人会不停地发电子邮件来找你。

阿悉达的尼日利亚工作人员正在彻底反抗这一做法。德国人的日程表中填满了几个月前就安排好的会议,他们希望现在就把接下来6个月的团队会议列在日程表上,这样,他们觉得会议一定会举行,项目会如期向前推进。尼日利亚人不想仅仅为了日程的邀请就大惊小怪,根据经验,如果他们现在就做出承诺,以后无法履行,那么麻烦就会接踵而至。阿悉达继续说:

这些德国人不明白的是,在尼日利亚,情况总是在发生变化。我不可能安排从今天往后3个月内的一次会议,因为不可能知道会发生什么变化。我来自尼日利亚的穆斯林地区,在我住的地方你甚至不知道假期什么时候开始,直到最高领袖看着月亮说,现在开始放假。如果我都不知道哪天是假期,我怎么可能知道从现在起两个月零七天的什么时间我可以做什么事?

我的德国同事对此毫无概念,他们提前几个星期就要我告诉他们我在6月24日星期二是否有空——如果那天到来的时候,我不能上班,他们就会生气。

这个小例子说明了在国际企业中工作拟订时间表的困难,一种文化根据奶牛什么时候回家来判断时间，另一种文化基于最高领袖看月亮来安排会议。一位来自明尼苏达州的演讲者在零卡片弹出的那一刻就停止了演讲，这让她的巴西东道主感到困惑，认为她拒绝满足听众渴望更多见解的需求。

有效处理时序量表的策略是提高自己以不同方式工作的能力。风格转换是当今全球经理人的必备技能。

来自里约热内卢的马里奥·莫塔，是在世界银行工作的巴西人，他讲述了他是如何学会在一个简单但令人烦恼的日程安排问题上改变风格的：

> 小时候，我从母亲那里得知，当被邀请参加晚宴时，恰好在主人约定的时间到达是不合适的。这样做会让主人手忙脚乱地在房间里跑来跑去摆放东西，并且会给每个人都带来不必要的压力。最好的到达时间是在说好的时间之后15分钟，或者更晚，这样主人准备好了，放松下来，每个人都会享受晚宴。

> 我永远不会忘记自己还是一个年轻的经理时，第一次被邀请到美国老板家里吃饭的情景。老板和他的妻子邀请我和团队的其他四位成员下午6点过去，我小心地在6点35分到达。"发生了什么事？"焦急的主人打开门问道，"你迷路了吗？还是陷入交通堵塞了？"每个人都在等我，饭菜早已经摆好了。真丢人！

幸运的是，时序量表是较容易适应的量表之一。莫塔只吃了一顿尴尬的晚餐，就知道了被邀请去美国家庭吃饭时，什么时候是正确的到达时间。下一次受到邀请，他回忆道："我在规定的开始时间前5分钟到达，把车停在拐角处，仔细看着手表。下午5点59分，我下了车,6点钟我按响了门铃,主人正在等我。"

有时候,风格转换就这么简单。你应该学习他们文化中最有效的东西,并按照他们的方式做事。然而,理解文化的细微差别,并精确地衡量它们,有时是具有挑战性的。莫塔提供了另一个故事:

虽然我在职业生涯中努力使自己变得对文化差异更加敏感,但我已经认识到,即使你试着调整你的风格,你仍有五分之三的可能在第一次尝试时偏离正轨。

几周前我在德国开了一个会。我知道德国人比美国人守时,但我并没有真正体会到过他们到底有多守时。我的演讲应该在下午2点结束。我仔细地看着表,在2点过2分的时候,我准备结束了,这时一位德国参会者问了一个需要详细回答的问题。我说:"这是个很有趣的问题,不过恐怕时间到了。"后来,我从组织者那里得知,德国人对我的刻板态度很反感,他们觉得我缺乏灵活性。

我们巴西的方式是在大家面前回答这个问题,延长会议时间。因为我知道本土文化的策略在这个环境下并不是最好的,所以我出现了一些突然的、不专业的反应。

后来,我意识到用简单鲜明的方式,能更好地处理这种情况。我本可以像美国人那样做,要求线下讨论这个问题,意思是我们现在结束会议的正式部分,然后一对一地讨论这个问题,或者我可以说,我很乐意向愿意留更长时间的人回答这个问题。

风格转换听起来很简单,但要理解细微之处并做正确,需要大量的试错。你必须尝试,失败了,再试一次,渐渐地,你会发现自己越来越擅长转换风格。

风格转换的复杂之处在于每种文化都有自己的特点和显著的矛盾。卡姆·约翰森在密歇根长大，在东京住了两年，然后搬到了北京。在日本，他意识到了守时的重要性——因为有些美国人会忽视做事的准时性。卡姆回忆说："我带着十几岁的儿子去千叶埃米纳姆的说唱音乐会，音乐会定于晚上8点开始。在其他国家，说唱音乐会经常晚30、60、90分钟开始。由于交通堵塞，我们迟到了11分钟，结果我儿子错过了11分钟的演出。"

在卡姆把家搬到北京后，他开始时相信中国人会在时间上采取类似的方法。然而，渐渐地，中国和日本时序系统之间的差异变得清晰可见：

在中国文化中，守时是一种美德。如果你开会迟到，你一定要为你的拖沓道歉，但是中国人和日本人在时间方法上的相似之处仅止于此。日本人是高度有条理的规划者，他们确实更具组织性，而不灵活。在中国，一切都是突然发生的，没有预先计划。中国人是灵活性之王，中国文化是一种人们不考虑明天或下周的文化，中国人就考虑现在。

例如，我的电视机坏了，我不得不打电话给电工。在我挂电话后的5分钟内，电工就会敲我的门。在我的排水管堵塞时，我打电话给水管工，几分钟后水管工就出现了。现在我知道了，当有问题时，我最好准备着一拿起电话，就有人进来把它修好。

灵活性是关键，这也意味着预先制定的计划被认为是灵活的。中国人会经常没有预约地突然造访，过去这让我很生气，我觉得他们不尊重我的时间。他们就不能提前发一个简单的电子邮件，让我可以在他们到达前准备好吗？他们认为我没有别的事可做了吗？我的时间是可以任意支配的吗？

但是现在我自己有点变成了一个中国人，我知道自己也能做到这一点。如果我在广州旅行，还有30分钟的空闲时间，我会赶紧打个出租车去拜访一下在这里工作的朋友。我已经看到这种文化是高度灵活和高效的。

类似的事情也适用于会议。在中国，如果你提前发出议程，你会发现要么没有人看过议程，要么会议取消了，所以我要在前一天打电话确认会议是否仍要进行。在我们见面时，我尽量保持灵活性，容许事情按照可能发生的任何顺序发展，而不是试图坚持预定的时间表顺序。

约翰逊所说的如何与中国人合作的最有趣的事情，就是他欣赏起了中国文化的长处：

现在让我来看看中国同事们的工作方式。我很惊讶，他们有惊人的专门善后的能力。例如，我在中国参加过几十个工作坊，没有一个是按计划结束的。前一天，事情发生了变化，演讲者、主题，甚至是场地，但一切都结束得富有成效。一旦你明白了中国人是极具灵活性的，如果你也这样做，那么一切都会很好。

——跨文化领导的架构策略——

风格转换是一种有效的方法，尤其对于那些正在访问另一种文化的人来说，它是至关重要的。但是如果你不是访问者呢？如果你是一个负责多元文化团队的领导者，你的成员采用各种各样的日程安排方式，在这种情况下，你仅具有灵活性和开放的思维是不够的。

现在是星期一早上9点，我的课就要开始了。然而，在访问欧洲工商管理学院并计划今天跟我学习的32位沙特阿拉伯经理中，只有一位坐在教室里，由于他在打电话，我没法问他其他人都在哪里。

15分钟后，这群人开始陆续进入教室，大约9点35分，我开始了课程。对我来说一切都很好，我理解沙特的弹性工作时间制度，我让讲座和休息时间都延长一点，利用一切额外的时间建立关系，以便更好地了解对方。

接下来的一周，我恰巧又有一天的课程，安排了一群沙特人参加。这一次，项目主管已经采取措施调整学生对日程的预期，在项目介绍期间，告诉他们："接下来我们在一起的这一周，都应该想象成我们在瑞士，我们将按时开始，准时完成。谁要是忘记了这种团队文化，上课迟到了，就必须为我们的周末香槟聚会基金贡献5欧元！"

采取了这一项目措施，这32名沙特阿拉伯管理者就变成了一群我共事过的最守时的人。9点整，每个学生都坐在他的位子上，我也要遵守同样的规则，如果我在休息后迟到，或者我的演讲拖延了时间，我也得付钱。那一天我花了15欧元，但下次我会做得更好。

如果团队领导建立了清晰明确的团队文化，那么人们在时序量表上的适应能力就会非常强。从东京搬到北京的美国经理卡姆·约翰森，在访谈中解释了他在一个团队里管理德国、巴西、美国以及印度人所用的方法。他回忆说：

在团队第一次开面对面的会议时，我们花了半天的时间在分组的小团队中讨论创建团队章程,又花了整整一个小时讨论:我们希望会议叫什么名字、会议是什么样的,以及我们遵循什么样的时间方式。我要求他们作为一个群体来决定他们如何共同工作,以及在会议期间他们彼此期望的灵活性和结构性是什么水平。我们在那次会议上根本没有谈论文化差异,我们只是讨论了我们这个特定的团队想要怎样合作。

提前对时序系统有一个清晰的讨论,可以解决合作过程中可能出现的阻碍。达成一致框架后,这个群体就可以遵循自己团队的文化,而不是允许成员天然地遵循本国的文化。在创建团队文化之后,团队领导需要重审团队成员已经协商一致的内容,并留出时间来重新审视协议,大约一年两次,并做出必要的修改。

——"你的方式太低效了!"——

也许,关于时序量表最有趣的事情是,来自量表两边的人都认为来自另一边的人做事效率低下,并想象他们一定是过着极端困难和压力巨大的生活。

在前面提到的印度印多尔之行中,演讲中讲到文化差异时,我不得不时刻提醒自己:"灵活性是成功的关键。"虽然我是在预定时间后35分钟开始演讲的,但是许多听众一两个小时后才到,还有人任意进进出出,断断续续地听我的课。在这节课中,我讲述了我两次演讲遇到的事情:在丹佛,丹尼尔用她的时间提醒卡精心编排我的演讲;在巴西,拉纳托觉得演讲只有短短65分钟就被打断了是不合适的。

我用这两件事戏剧化了文化在时序量表上表现出的极端差异。

然后,一位穿着一件漂亮的纱丽的60多岁有学问的心理学家上前来发表评论。我在丹佛的经历使她大吃一惊。"你向我们描述美国文化的这种刻板……这听起来极其低效。"她评论说,"你花了那么多时间排练演示文稿,把每一分钟都卡得恰到好处。在这种类型的环境下进行演讲,是非常令人难以置信的。你们都得闹心脏病了!然而,美国的商业文化几十年来为我们树立了榜样,我觉得很困惑。"

一个回应几乎要跳出我的唇边了。"不,不,不,"我想说(但克制住了自己),"我们文化中的制度是效率和放松的范例,我们制定计划,精心准备,执行计划。就在这里,此时的课上,我们本应在上午9点开始,但是人们随意地到来、离开(然后又回来)……这才是低效和紧张的。你把时间投入会议中,但是你没有从中得到你应该得到的东西,你没有从头到尾经历它……按次序……一个(线性)时间一个步骤,这是低效的。"

我张嘴想要解释,但我改了主意,相反,我邀请这个女人和我一起站在了生长出"常青藤"形状队列的咖啡机前。

结语

将文化地图投入工作

在我的大儿子伊森还是个孩子的时候,我邀请一个从哥本哈根到访巴黎的丹麦同事索伦来吃晚饭。那是1月的一个非常寒冷的夜晚,我和索伦在厨房聊天,而我的丈夫在另一个房间里给伊森穿衣服。听完我倾诉做新妈妈的苦恼后,生了三个孩子的索伦在阳台上向外望,问道:"你家伊森在外面午睡还是在里面?"

我没明白她的问题。"外面还是里面是指什么?"我问。屋外太冷了,我把隔热材料围在门上,以防刺骨的寒风从缝隙里呼啸而入。索伦是建议我把孩子带到冰冷的冬日空气里睡上两个小时吗?我想知道,是否每个人都忘了告诉我一些基本的育儿知识。

索伦解释说,在丹麦冬天的下午,父母把孩子抱出去小睡是很常见的,这让我很惊讶。"我们把他们包起来,如果天气到了零下10摄氏度以下,就把他们抱进来,这对他们有好处。他们睡得很好,不太容易生病。"索伦的零下10摄氏度相当于华氏14度,即使我在明尼苏达州故乡的亲人也会惊讶地说:"哦呵!"

几年后,我接到一个丹麦女士的电话,她将参加我在欧洲工商管理学院为期一周的课程。"你让我们准备三件关于自己文化中奇怪或令人惊讶的事情在周一晚上与大家分享。"她说,"但我想了很多,我想不出我们这里有什么不寻常或奇怪的事。"

"你为什么不说说在寒冷的冬日里把宝宝放在外面睡午觉呢?"我建议。

"有人会觉得奇怪吗?"她问我,听起来非常震惊,"难道不是每个国家的人都这么做吗?"

我们习惯于以自己的文化视角看待世界,它是如此理所当然和普通,以至于很难想象另一种文化的人会以不同的方式做事。只有你识别出自己的文化中哪些是典型的并不同于其他文化后,你才能开启一个相互分享、学习并最终理解的对话。

当然,这本书不是关于婴儿的,而是关于商业的,但同样的规则也是适用的:只有你识别出什么使你的文化不同于其他文化后,你才能开启一个相互分享、学习并最终理解的对话。

——放到一起拼出文化地图——

用八个量表描绘你的文化,然后你会有一张地图来比较自己和商业伙伴的文化。你可以从我和一个刚刚结束课程的法国参与者的电子邮件交流中看出这是如何运作的:

嗨,艾琳:

在上周的年会上,我聆听了你的演讲,之后我一直在思考影响了团队效率的无形的文化边界。

你知道,我是汽车供应商瓦雷奥公司的副总裁。瓦雷奥是一家法国公司,在德国和日本拥有大客户基地,在中国的市场地位也越来越高。我经常在四个国家工作，每个国家都有人在我的团队里。

我搬到中国的时候，我认为困难会在于弥合亚洲人和欧洲人的文化差异。的确，我们团队的亚洲成员对法国和德国成员公开反对他们并给予他们负面反馈的方式感到不舒服，我指导了团队成员如何协调他们的方法和反应，以便更有效地一起工作。

但令我惊讶的是，我们团队中最大的困难出现在中国人和日本人之间。中国人抱怨日本人迟迟不能做出决定，不灵活，不愿改变；日本人抱怨中国人不认真思考，决策鲁莽，似乎在混乱中成长。不仅是这两个亚洲团队难以共事，而且日本人在很多方面表现得更像德国人而不像中国人——这是我从未料到的。

我会感激你的任何想法和建议。

奥利维尔

我的回答是：

亲爱的奥利维尔：

请使用我在讲课中勾画的量表创建一个简单的文化地图来明确你的问题。在8个量表上描绘每一种文化，画出一条折线连接8个点，这条线代表了文化在地图上的整体模式。我已经为你们做了团队4种文化的折线。

现在检查日本和中国的折线。在几个量表上，它们聚集在一起。正如你所经历的，中国人和日本人都不喜欢直接负反馈和公开反对，这反映了一个事实，在量表2（评价）和量表7（反对）上，欧洲文化系统聚集在一边，亚洲文化系统聚集在另一边。尽管如此,在大多数情况下,日本人认为中国人非常直接——注意这两种文化在量表2(评价)上的差异。法国人以同样的方式看待德国人。

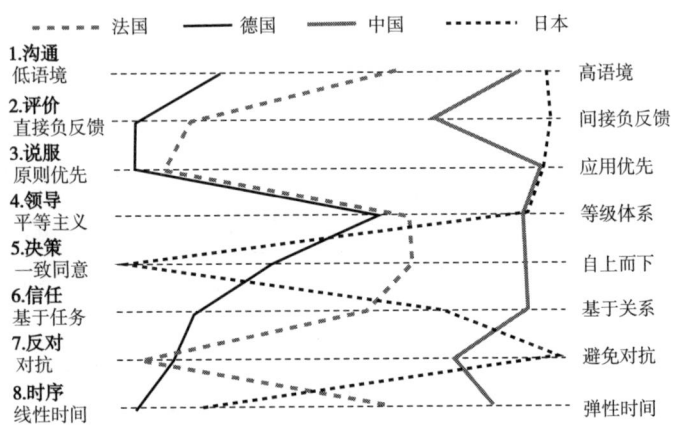

接下来,仔细看看量表5(决策)和量表8(时序),你将看到团队可能产生挫折的根源。日本尽管和中国一样也是等级森严的(量表4,领导)国家,但它是一个协商一致的国家,决策往往由群体以自下而上的方式做出,这意味着做决策需要很长的时间,因为每个人提供的信息都要被收集起来,并形成集体决策。相比之下,在中国,决策往往是由老板以自上而下的方式做出的(量表5,决策)。

日本人有一种线性时间文化(量表8,时序),他们仔细地制定计划并坚持计划,组织化、结构化和准时都是日本人与同属线性时间的德国同事共享的价值观。事实上,无论在量表5(决策)还是量表8(时序)中,日本和德国的文化都非常接近,与法国和中国的文化有很大的差别。

相比之下，中国人倾向于迅速地做出决定，频繁轻易地改变计划，重视灵活性和适应性，而不是坚持计划。在这两个量表（决策和时序）上，中国人更接近法国人而不是日本人。

鉴于这些差异，可以理解，中日团队成员在一起工作是有困难的。这个问题能解决吗？当然。改善这些问题的下一步，就是提高团队成员认识文化如何影响工作效率的能力。

让团队成员读几章这本书中的内容，或者自己描述一些概念，然后在团队会议或团队晚餐中讨论文化差异。问一些下面的问题：

- 你同意本章所勾画的位置吗？为什么？
- 你有哪些可以和团队成员分享的内容以便大家能更好地了解自己的文化系统在这个量表上的位置？
- 你认为这些概念会影响到团队的合作吗？
- 考虑到这些差异，我们能做些什么来提高效率？

团队成员是否同意他们所读的内容并不重要，重要的是开始探索及讨论彼此的价值系统和工作方法存在的差异。就像鱼儿不知道自己身处水中一样，人们常常很难发现和认识自己的文化，直到他们开始与其他文化进行比较。

一定要以谦虚的态度进行讨论，不做判断。你越拿自己的文化开玩笑，正面地谈论其他文化的运作方式，大家就越容易分享自己的想法和意见，而不会自我设防。

团队成员越意识到文化如何影响他们的工作，就越能有效地弥合文化差异。法国谚语"知道自己得了什么病，就治好了一半",同样适用于多元文化的团队合作。帮助团队阐明影响工作效率的文化差异,他们将能更好地合作。

我希望这些想法有助于提高你的团队效能。请保持联系,让我知道情况如何。

艾琳

——弥合断裂线——

如果你面临着类似于困扰奥利维尔的文化挑战,请试着应用同样的策略:创建一个文化地图,使你团队中各种不同的文化进行可视化的比较。关注相似和不同的点将帮助你识别可能划分团队成员的断裂线——无形的心理界限,这个心理界限将群体区隔,造成了"我们对他们"的心理状态。

在你建立了自己的文化意识后,你将会更好地充当一座文化桥梁,帮助你的团队成员培养他们的文化灵活性,指导他们暂时丢掉自己的判断,并从相反的视角看待问题。

当无形的文化障碍影响一个全球团队时,你会发现每个小团队与其他小组沟通时都感到沮丧。这种抱怨越多,裂痕就越大。处理这个问题的方法是有效地组织起你的团队,以减少每个地方的文化同质性,打破"我们对他们"的心理状态。例如,奥利维尔可能希望德国人、法国人和中国人都在日本生活和工作。如果可能的话,轮换你的团队成员也是很有帮助的,这样一来,他们中的一些人会在其他地点待上几个月甚至几年。

另外一个有价值的步骤是雇用具有双重文化或者具有丰富经验的人,他们曾在不止一种文化中生活过。如果你选择了一个合适的人,并训练好了那个人,他可以发挥关键作用,帮助一个团队解码另一个团队的行为。

有时候,全球团队的文化差异会造成断裂线,但是其他时候,相同程度的多样性可能会是一个很大的优势。假设提交给你一个项目,它有许多要命的截止期限,因此需要线性时间方法,那就找到团队中拥有强烈线性时间偏好的人来主持项目。还有些时候,你可能会遇到一个客户,他不断改变主意,要想把他服务好,就需要灵活性强,并且乐意随时改变计划,拥有高度弹性时间的团队成员将有助于满足客户的需求。

有时,你可能对如何改进你总不能弄好的东西,需要直接的负面反馈,这时,团队中来自直接文化并具有坦率反馈风格的人将是无价之宝。在其他时候,你可能需要一小群人给一个敏感而有价值的客户提供负面反馈,并要以最圆润的方式进行,这是一个召唤那些赞成间接负反馈人的机会。

因此,你查看团队的文化地图时,不仅要考虑可能由于分歧引发的困难,还要想到差异可能提供的优势。小心地管理,文化与个人的多样性可以成为你团队最大的财富。

——我们都是一样的,也都是不同的——

在一门关于多元文化谈判的课程中,一位年轻的来自乌克兰的工商管理硕士在课间休息时急切地问我:"艾琳,你一直在谈论文化差异的重要性,但我始终相信,不管我们来自哪里,人类从根本上来说都是一样的。这不是真的吗?"

那天早上,我被一群印度学生围住了,他们一直在兴奋地交谈。"我们正在进行辩论。"其中一人宣称,"正如今天早上看到的,文化似乎对商业行为有很大的影响。然而,上个星期,我们全班进行了一次性格测试,发现我们这六个人——都来自印度的同一地区——各自有着非常不同的性格。这不是说每个人都不一样吗?"这两个问题的答案当然都是肯定的。

诚然,人类基本上是相同的,从深层次上来说,无论我们来自何方,我们都受生理和心理需求与动机的驱使。

当我们心情紧张或兴高采烈时,会发现心跳得更快了;当我们沮丧或抑郁时,会感到疲惫和无力。我们都能感受到人类的共同情感,如嫉妒、兴奋、悲伤和激情。我们都是同一物种。从这个意义上来讲,不管我们来自哪种文化,我们都是一样的。

但每个人又都是不同的,即使在同一个国家长大,由同一对父母抚养,在同一个环境中工作,也没有两个人是完全相同的。我们每个人都有独特的风格和自己的偏好、兴趣、嫌恶和价值观。

所以,无论你和谁一起工作,这个人来自哪里,你都应该带着了解这个人的独特性的渴望开始任何关系,不要自以为你对他们的文化背景有所了解,就可以断定他们的想法或行为。

然而,我们成长的文化对我们如何看待世界有着深远的影响。在特定的文化中,成员都习惯于以特定的方式理解世界,认为某些沟通模式是有效的或是不受欢迎的，发现某些论点有说服力或缺乏价值，考虑某些决策或测量时间的方法是自然的或奇怪的。

领导者总是需要理解人性和人格差异，才能在商业上取得成功——这没什么新鲜的。新的要求是，21世纪的领导人要准备理解比以往任何时候都更广泛、更丰富的工作方式，并且能够确定，哪些互动的内容仅仅是个性的结果，哪些是文化视角差异的结果。

当我们与自己文化相同的人一起工作时，意识到基本的人类心理需求和动机，以及对个体差异保持敏感就足够了。但是，随着全球化对我们的工作方式的改变，我们现在需要拥有解码文化差异的能力，以便与世界各地的客户、供应商和同事有效地合作。

有挑战性吗？对！但也很迷人。人类的文化可以成为无穷无尽的惊喜与发现的源泉，而且是永不枯竭的卓越经验和持续学习的源泉。

致谢

像大多数作者一样,我对许多人深怀感激之情,因为他们的帮助和支持使这本书成为可能。

首先要感谢公共事务出版社出色的编辑约翰·马哈尼。约翰在最初的、非常粗糙的一章中看到了希望,他在整个写作过程中提供了细致而有见地的指导,他鼓励我从自己的角度写作,并且逐段地教我如何写出更出彩的故事,让案例更加吸引人。如果没有约翰,这本书就大不一样了。

一个精心包装的感谢给予我的文稿经纪人,卡罗尔·弗朗科,她对本书有巨大的影响。卡罗尔不仅找到了我希望的最好的出版商,还一直站在我身边,经过了两年的考验。当我需要专家的建议时,卡罗尔总是准备好等待着给我支持和清晰的指导。

还多亏了卡尔·韦伯,一位了不起的编辑,他拿到那份冗长、啰唆的手稿,认真地进行了润色。如果不是因为卡尔,这本书会枯燥乏味得多。多亏了他,读者才得以从许多杂乱无章的趣闻轶事中找出逻辑,像在世界各地飞来飞去参观不同国家的人的故事,还有在中国农村想要治脚医生却检查病人舌头的故事。

同样要感谢伊琳·威廉姆斯,这位作家兼编辑的帮助让我第一次意识到正是因为有她的帮助,我才能写出本书。在我们开始之前,伊琳花了很多时间了解我的工作，然后帮我完成整个初稿，熟练地编辑每一章。

感谢斯图亚特·克雷纳和德什·狄洛夫，是他们帮助我启动了这个项目。他们与我合作，勾画出本书内容的大纲，并草拟出各个章节的概述。斯图亚特和德什想出了书名，并写出了这本书立项的初稿。他们阅读了最初几章的每个版本，并在早期提供了支持。

感谢我的母亲琳达·伯克特，因为她42年来一如既往的爱与支持，她读的每一章的版本比任何人都多得多。一路走来，她是我专业上的知音，权衡每个我不确定的案例，修正任何我不能完全确定的段落，早上6点就打来电话，讨论新标题的想法或是一个封面设计。在我身边，母亲是投入本书时间最多的那个人。

现在感谢我的其他家人，他们在整个艰巨而又困难的过程中一直支持着我。我向你们表示衷心的感谢，虽然与这本书没什么特别直接的关系，但事关为我所做的一切日常的支持。没有那群男孩的支持，我写不了这本书——我丈夫埃里克和我们的两个儿子伊森和罗根，你们三个是我生活中一切美好事物的基础。非常感谢我的父亲蒂姆，他教会了我坚韧不拔的精神，他对我毫不动摇的信任教会我相信自己。也感谢我的弟弟杰德和他的妻子希玛，他们以感恩和坚毅的心迎接生活中不期而遇的挑战。感谢我的密友珍妮佛，她的多元文化旅程经常与我同行。

完成这本书的初稿后，我很高兴及时得到了反馈。我把手稿发给了不同国家的具有专业知识的同事，他们每个人都辛苦地阅读手稿，并提供意见和建议。玛丽·洋子·布兰农、沈怡、艾迪斯·科伦、菲利普·阿伯巴德拉、莫妮卡·斯托克、萨宾·哈芬施泰因、斯坦尼斯拉夫·谢科施尼娅、玛蒂娜·哈姆斯和吉塞拉·恩里克，感谢你们为本书投入的所有时间。

公共事务出版社的团队一直超出我所有的期望。感谢杰米·莱菲尔、梅丽莎·维罗内西、梅丽莎·雷蒙德、维多利亚·吉尔德，以及其他关注这本书的人。

谢谢那些启发我的人。感谢吉尔特·霍夫斯泰德、冯·特姆彭纳斯和爱德华·霍尔，他们在我之前很早就写了这个主题，他们的作品为本书中的许多概念提供了基础。谢谢亨利·齐格勒森，他向我介绍了书中出现的许多概念，正是亨利的早期指导，引领我形成了8个量表的理论框架。感谢我在欧洲工商管理学院的同事和导师埃米尼亚·伊瓦拉，她鼓励我写这本书，并对我的工作有足够的信心，把我介绍给伊琳·威廉姆斯和卡罗尔·弗朗科。

最重要的是，感谢成千上万的经理人学生参加了我的课程，分享了他们在欧洲工商管理学院内外的经验和观点，从而为本书中的每个案例和策略提供了基础。

注释

引言：文化差异导航，来自陈先生的见解

1. 我第一次听到这个类比来自我的同事和导师，何塞·桑托斯教授，他在他的课程中谈到了文化和水的相似性。冯·特姆彭纳斯和查尔斯·汉普顿-特纳在《跨越文化浪潮：理解全球商业的多样性》第 2 版（纽约：麦格劳-希尔，1998 年）一书中写道："鱼只有当不在水里的时候才会发现它对水的需求。"我们的文化对我们来说就像水对鱼一样。就在最近，本书初稿完成后，卡伊·哈梅里克和理查德·刘易斯以这个类比命名了他们的新书《鱼看不见水：民族文化如何成就或破坏你的企业战略》（威立出版社，2013）。

1 倾听空气：跨文化沟通

1. Edward T. Hall, *Beyond Culture* (1976; New York: Anchor Books, 1989), 85–125.

2. 不同形式的类似对话已经告诉我好多次了。第一次是多年前我参加的一次演讲，住在巴黎的美国顾问丹尼斯·奥斯汀·吉隆加入了类似的对话。

2 礼貌的多面性：评价绩效和提供负面反馈

1. 该翻译指南已在互联网上以各种形式匿名流传。一种说法是它最初是由壳牌石油公司开发的，以帮助员工更好地了解彼此。

2. 改编自 Vladimir Zhelvis, *Xenophobe's Guide to the Russians* (2001; London: Oval Books, 2010)。

3 为什么与怎么做：多元文化世界中的说服艺术

1. Richard Nisbett, *The Geography of Thought* (New York: The Free Press, 2003), 48–78.

2. Richard Nisbett and Takahiko Masuda, "Culture and Point of View" (Special series of Inaugural Articles by members of the National Academy of Sciences), *PNAS* 100, no. 19 (September 2003): 11163–11170.

4 你想得到多少尊重？领导、等级和权力

1. Geert Hofstede, Gert Jan Hofstede, and Michael Minkov, *Cultures and Organizations: Software of the Mind* (1991; New York: McGraw Hill, 2010), 53–88.

2. Robert House, Paul Hanges, Mansour Javidan, Peter Dorfman, and Vipin Gupta, *Culture, Leadership, and Organizations: The GLOBE Study of 62 Societies* (Thousand Oaks, CA: Sage), 513–563.

3. André Laurent, "The Cross-Cultural Puzzle of International Human Resource Management," *Human Resource Management* 25, no. 1 (Spring 1986): 91–102.

5 大写字母 D 还是小写字母 d：谁来决策，如何决策

1. 帕特里克·兰西奥尼是 10 部商业书的作者，其中包括畅销书 *The Five Dysfunctions of a Team* (San Francisco, CA: Jossey-Bass, 2002), and *The Advantage: Why Organizational Health Trumps Everything Else in Business* (San Francisco, CA: Jossey-Bass), 2012.

2. 有关日本决策过程的更多信息，见 Sue Shinomiya and Brian Szepko-

wski, *Passport to Japan: Revised and Updated Edition* (Berkeley, CA: Stonebridge Press, 2007), 100–103.

3. 这些建议,许多首次出现于 Dr. Ernest Gundling, *Communicating with the Japanese in Business*, distributed by JETRO, 1999, 10–11.

6 大脑与内心,两种信任以及其发展

1. Roy Y. J. Chua, "Building Effective Business Relationships in China," *MIT Sloan Management Review* 53, no. 4 (Summer 2012), and Crystal Jiang, Roy Y. J. Chua, Masaaki Kotabe, and Janet Murray, "Effects of Cultural Ethnicity, Firm Size, and Firm Age on Senior Executives' Trust in Their Overseas Business Partners: Evidence from China," *Journal of International Business Studies* 42, no. 9 (2011): 1150–1173. Roy Y. J. Chua, Michael W. Morris and Paul Ingram, "Guanxi vs. Networking: Distinctive Configurations of Affect-and Cognition-based Trust in the Networks of Chinese vs. American Managers," *Journal of International Business Studies* (2009) 40, 490–508. doi: 10.1057/palgrave.jibs.8400422.

2. Kurt Lewin, "Some Social-Psychological Differences between the United States and Germany," *Character and Personality* 4 (1936).

3. Fons Trompenaars and Charles Hampden-Turner, *Riding the Waves of Culture: Understanding Diversity in Global Business*, 2nd ed. (New York: McGraw Hill, 1998), 83–86.

4. Roderick Swaab, William Maddux, and Marwan Sinaceur, "Virtual Linguistic Mimicry: When and How Online Mimicry Increases Negotiation Outcomes," *Journal of Experimental Social Psychology* 47 (2011): 616–621.

7 是针不是刀，有效反对

1. Suleman Shahid, Emiel Krahmer, and Marc Swerts, *Fun and Games: Springer Proceedings of the Second Edition of the International Conference* (Eindhoven, the Netherlands: 2008, Series: Springer—LNCS). Book chapter "Alone or Together: Exploring the Effect of Physical Co-presence on the Emotional Expressions of Game Playing Children Across Cultures," 94–105.

8 多晚算晚？时序与时间的跨文化知觉

1. Edward T. Hall, *The Dance of Life: The Other Dimension of Time* (1983; New York: Anchor Books, 1989), 44–58.

2. Robert Levine, *The Geography of Time: The Temporal Misadventures of a Social Psychologist* (New York: Basic Books, 1997), 81–100.

3. 常青树队列是阿南德·古里德哈拉德斯在2010年8月7日的《纽约时报》上撰写的文章《进出队列》中提到的。

译后记

文化导航，帮助更多企业走出去

经济新常态下，中国经济的外向动力越来越大，中国企业越来越多地在寻求海外新机会，企业"走出去"的步伐将越来越大。无论是国有企业牵头的大型跨国并购还是民营企业主导的多元化并购，都在大幅增加中国企业海外投资的总量。此外，在海外建立合资企业、运营研发中心，承接海外工程等也越来越普遍，中国企业正在以多种方式对全球资源进行开发和利用。

跨文化管理成为中国企业的迫切需求

在这个全球化的新商业浪潮中，中外企业合并将是不可阻挡的趋势，但是从当前并购和整合的结果来看，大多数海外投资没有获得预期的回报。普遍认为，文化冲突是阻碍企业成功整合的罪魁祸首，文化冲突成为走出去的主要障碍。文化融合（偏重企业经营管理的差异）和跨文化管理（偏重民族文化背景的差异）将是未来中国企业必不可少的商业基因。一家国有企业收购东欧的公司后，试图用国企那一套程序（升旗、思想学习等）进行文化融合，由于众所周知的原因，受到了强烈的抵制，融合计划迟迟难以落地。笔者为一家合资金融企业服务时，在生活层面，法方的总经理指着工会发的牛奶说"我不知道他们为什么发这个,难道我自己不会去超市吗";在工作层面,双方融洽地配合工作,但从下班进入电梯开始,基本上就不再进行交流了;在经营层面,法方对所有的决策都要认真监控,流程拖得非常冗长,中方则特别急于推进业务。由于从小到大各个层面都存在分歧,我们不得不使用跨文化问卷进行测量,结果发现,几乎所有的问题,双方的答案都分列于两端,于是我们就识别出关键问题,帮助双方达成共识,确立工作原则。

因此,在中国企业寻求全球产能出口、强化全球资源配置能力的背景下,跨文化融合已经成为大部分有并购和整合经历企业的迫切需求。当前,不少企业已经开始着手海外并购、文化整合、跨文化管理等工作。大部分企业并购的主要目的是寻找企业"活下去"的机会,增大企业可持续性发展的概率。换句话说,现在企业的并购更加注重并购后的结果,整合的成功程度将是决定企业生死的关键。在这种前提下,企业必须有预见性地筹备和解决文化冲突可能导致的整合失败问题。跨文化的管理和融合已经事关企业海外战略的生死,当然,对国内的合资企业也至关重要。

所以说,国际化资源整合能力成了企业竞争的关键,随着人口红利的消失和成本的逐年增加以及竞争的国际化趋势,中国企业必须具有和其他跨国企业一样的全球资源整合能力。全球化所面临的跨文化管理能力是企业管理者必备的能力。

海外分子公司管理的关键问题

除了个别企业积累了丰富的海外管理经验外,大部分企业还没有真正将跨文化管理提到日程上来，出现了一些典型的现象。

第一种是不敢管。或者没有去管海外公司的意识，想等等看，任由其发展，连基本的管理制度、沟通流程都不能建立起来。有一家在全球行业处于领先地位的民营机械企业，在欧洲收购了一个研究中心。公司一直不进行管理，甚至对他们没有考核，研究中心处于放羊状态。研究中心的负责人说，国外专家的功能只用了30%。企业都是追求利润最大化的，考虑到"中国公司雄厚的资本实力"，没有约束，海外公司也会像普通公司一样，希望获得更多财务、技术支持，以及收益分配自由，而尽量自主行事，最终导致中国企业"投入太多，与收益不成正比"。中国企业再也不能"只买不管"。

第二种是不会管。集团公司很希望与海外公司进行整合，但是不得要领，缺乏工作原则，陷入就事论事的泥潭，将规章制度、文化理念简单修订后让外方学习，甚至把一些具有强烈国企、乡土色彩的管理形式复制过去，遭遇到外方的强烈抵制。那家机械企业把在美国的供应商收购成为拓展美洲业务的子公司。美方感到，原来作为供应商以及在收购谈判过程中，自己都很受尊重，与西方企业之间的关系大不一样，到访中国的时候，得到的接待可谓隆重。但合并后，美方的管理者在我们的访谈中谈到对母公司的国际化能力非常担忧，总部与海外公司的交流非常糟糕，完全不明白总部做事的方式，对总部的战略"呆呆地说不出来"，无法融入总部的组织变革，"有些孤立的感觉"。

第三种是不深管。虽然管理机制进行了一定程度的本土化，但不重视文化差异，全球化团队中成员的思维、行为方式在各自文化背景的影响下，难以对接并有效开展工作。这些企业开展了文化融合工作,在文化理念、制度、行为等层面上进行了融合,但没有进入不同民族文化更深的层面。

基于以上现象,跨文化管理,作为中国企业相对陌生的一种管理方式,必须予以重视。当务之急,就是要系统学习跨文化的理论知识,了解基础的文化差异维度和典型国家的文化特征。

主要跨文化管理理论的对比

幸好,本书就是一部欧美学术界最新的,同时又与实践结合最紧密的跨文化著作。作者艾琳·梅耶女士,和译者一样,也是咨询公司出身,回到学院的视角,对企业实践进行理论提升。因此,本书对企业的指导意义毋庸赘言。

按照现代跨文化理论奠基者吉尔特·霍夫斯泰德的观点,跨文化管理研究的是在人们的社会阶层、教育、出身、性别、工作地点等影响人之个性的特征的底层,呈现一个民族的共性的"集合性的心智程式"。霍夫斯泰德先是供职于 IBM 公司,1971 年进入学术界,先后在欧洲多所大学任教。霍夫斯泰德在 20 世纪 70 年代前后对 IBM 公司跨国经营中的文化差异进行了大样本问卷调查,提出了五个维度的心智程式:权力距、个人主义对集体主义、男性度(竞争性)对女性度(柔性)、不确定性规避、长期导向对短期导向,成为评估文化差异方面最为著名的文化框架。

另外一个广为接受的框架是查尔斯·汉普顿－特纳和冯·特姆彭纳斯提出的七个文化分支:普遍主义对特殊主义、个人主义对集体主义、中性对感性、特定(生意就是生意)对扩散(如中国的关系)、成就（专业和成绩）对归属（来源和资历）、序列时间对同步时间、内心主见（戴口罩避免污染别人）对外部影响（戴口罩避免被环境污染）。两位教授在荷兰经营着一家研究型咨询中心。冯·特姆彭纳斯教授曾亲自将他们二人签名的英文第三版《跨越文化浪潮》一书赠予译者。两位教授的突破贡献在于从经典文献中提取了有典型意义的维度，组合成有影响的文化框架并进行验证。可以说，他们是跨文化理论第二代学者中的翘楚。

艾琳教授作为冉冉升起的学术明星，得益于作为美国女性嫁入法国家庭的独特生活经历，正如冯·特姆彭纳斯教授有一位荷兰父亲和法国母亲一样，切身感受到了文化的差异，并与长期的企业咨询和课堂教学紧密融合，得出了对文化差异的独特见解和更为实用的框架，包括八个维度：低语境对高语境、直接负反馈对间接负反馈、原则优先对应用优先、平等主义对等级体系、一致同意对自上而下、基于任务对基于关系、对抗对避免对抗、线性时间对弹性时间。这八对心智程式，对应着企业跨国经营中常见的八类问题：沟通、绩效评价、说服、领导、决策、信任、反对、时间。艾琳教授提取的八个维度，除低语境对高语境、平等主义对等级体系、基于任务对基于关系、线性时间对弹性时间之外，其他维度是早期的研究者较少关注，而艾琳团队做了大量实测研究的。因此，艾琳教授可以说是第三代跨文化学者的代表，将跨文化理论推向了新高度。我们可以看到，冯·特姆彭纳斯对她称赞有加。

这三个文化差异框架，是跨文化学术发展的三个阶段中最有代表性的跨文化模型。其中，不少维度来自更早期的社会学、人类学、心理学的经典作家如克莱德·克拉克洪、塔尔科特·帕森斯、爱德华·霍尔的研究,并且经过大量学者的测量验证,成为能够清晰分辨出国别特征的文化要素。其他学者的研究,也都验证了其中一些维度,或者将某些维度进行了细分。例如,莱娜·赞德验证了31个文化维度,"一些文化维度抓住的是相同文化因素的不同方面",其中,地位分配就包括等级关系(马兹奈夫斯基)、权力距(霍夫斯泰德)、层级(施瓦茨)、成就/归属(特姆彭纳斯)、权力体系(劳伦特)五个维度。所以,这三个文化框架,基本上概括了典型的跨文化维度。查尔斯·汉普顿-特纳和冯·特姆彭纳斯也经常关注低语境和高语境,但没有将它们作为一对独立的维度。他们还关注了时间的民族文化差异既包括长期导向和短期导向,也包括序列时间和同步时间。在早期的研究中,他们曾经将平等对等级、细节对整体作为两个重要维度,但后来替换为中性对感性、特定对扩散这两个要素。

三个文化差异框架包含的维度对比

五个文化维度	七个文化分支	文化导图
权力距	普遍主义对特殊主义	低语境对高语境
个人主义对集体主义、	个人主义对集体主义	直接负反馈对间接负反馈
男性度对女性度	中性对感性	原则优先对应用优先
不确定性规避		平等主义对等级体系
	成就对归属	一致同意对自上而下
	特定对扩散	基于任务对基于关系
	内心主见对外部影响	对抗对避免对抗
长期导向对短期导向	序列时间对同步时间	线性时间对弹性时间

说明:灰色部分是重复的维度。

在上表中，对比三个模型重复关注的维度，我们可以得出，在跨文化研究中，比较显著和广为接受的文化维度包括：权力距、个人主义对集体主义、男性度对女性度、不确定性规避、时间导向、普遍主义对特殊主义、中性对感性、特定对扩散、成就对归属、内心主见对外部影响、低语境对高语境、直接负反馈对间接负反馈、原则优先对应用优先、平等主义对等级体系、一致同意对自上而下、对抗对避免对抗，共16个。

管理学的实践性重于科学性。译者在咨询实践中也发现，企业中的跨文化差异研究，会面临一些非常具体的问题。因此，在应用中，我们也大胆地对有些维度和问题进行调整，以期企业看到更加贴切的决策和矛盾现象。本书在写作的过程中，作者与编辑一起，将内容从学术方向大刀阔斧地向实践方向调整。它实际上是一部面向企业管理者的操作指南。因此，企业在实践中进行调整和验证，可以参考译者汇总的16个维度，这应该也符合作者的初衷。

文化融合与跨文化沟通

企业在并购与合资的过程中，总是急于将自身的企业文化输出给对方。译者从事企业文化与跨文化咨询研究工作十多年，从学术和实践两方面，都发现它们是迥然不同的领域，各自建立起了不同的研究框架。但是二者确乎有着天然的联系。企业文化与企业的战略、组织架构、经营管理、员工行为等紧密联系在一起，是这些企业内部活动的原则和理念的总结沉淀。当两个企业相遇，两种企业文化发生碰撞时，会发现它们并不轻易相融。出现障碍的原因，可以追溯到这两个企业，或者企业的员工所生活的地区、民族文化的不相融。正如霍夫斯泰德认为人的差异需要剔除掉一系列影响人之个性的因素，从而提炼出集体的共性一样，同样地，两种企业文化的差异，也要剔除掉不同企业各种经营习惯的差异，留下的才是跨文化差异。例如，法国金融公司决策流程缓慢，是长期形成的金融文化的一部分，中国方面追求业务的快速增长，是根植于中国经济的高速成长周期，这种决策差异，不是国家和民族层面的文化差异。所以，我们在处理企业国际经营困境的时候，既要处理跨文化差异，又要处理经营差异（企业文化差异）。在这个意义上可以理解为，跨文化差异是企业文化更为底层的基本假设。

毫无疑问，大量企业管理者需要从比较熟悉的企业文化、（国内企业并购中的）文化融合的领域进一步延伸，着重培养跨文化管理的意识和能力。为促进跨国并购与合资公司的文化融合，必须掌握跨文化沟通技巧，在熟悉理论模型的基础上，对实践中使用到的跨文化管理和沟通技巧进行培训、学习，开展海外派遣支持，帮助海外派遣员工熟练地在多文化背景下工作。制定合理的跨文化融合与跨文化管理计划，确立共同的价值导向，建立多方共同遵守的制度、流程以及沟通机制，制定课程计划，开展交叉任职，促进积极沟通，避免海外独立王国的出现，更有效地驾驭跨文化技术，可以帮助企业乘风破浪，跨越海洋，走向世界。

郝继涛

2021 年 12 月 28 日